三月詩會研究

—春秋大業十八年

陳 福 成 著

文 學 叢 刊

文史哲出版社印行

國家圖書館出版品預行編目資料

三月詩會研究：春秋大業十八年 / 陳福成
著. --初版 --臺北市：文史哲,民 99.12
頁；　公分. --（文學叢刊；242）

ISBN 978-957-549-940-2 (平裝)

851.586　　　　　　　　99022290

文學叢刊 242

三月詩會研究

春秋大業十八年

著　　者：陳　福　成
出 版 者：文 史 哲 出 版 社
http:// www.lapen.com.tw
e-mail：lapen@ms74.hinet.net
登記證字號：行政院新聞局版臺業字五三三七號
發 行 人：彭　正　雄
發 行 所：文 史 哲 出 版 社
印 刷 者：文 史 哲 出 版 社
臺北市羅斯福路一段七十二巷四號
郵政劃撥帳號：一六一八〇一七五
電話886-2-23511028・傳真886-2-23965656

實價新臺幣五六〇元

九十九年（2010）十二月初版
一百年（2011）元月二十三月修訂版

ISBN 978-957-549-940-2　　08242

2010 年 5 月 1 日，詩壇大老 98 歲的鍾鼎文先生，來三月詩會指導，攝於台北真北平飯店。前排左起：一信、金筑、麥穗、鍾鼎文、潘皓、王幻、謝輝煌。後排左起：雪飛、童佑華、傅予、丁潁、蔡信昌、關雲、徐世澤、許運超、陳福成、晶晶。（照片麥穗提供）

2008 年 2 月在醉紅小酌。左起：徐世澤、潘皓、關雲。（徐世澤提供）

1993 年 3 月，三月詩會首創時，十一位同仁合影。左起：藍雲、邱平、林紹梅、田湜、晶晶、王幻、劉菲、麥穗、謝輝煌、張朗、文曉村。

（麥穗提供）

2010 年 3 月 4 日在真北平，當年創會同仁碩果僅存（仍在三月詩會）的四位。左起：晶晶、王幻、謝輝輝、麥穗。（麥穗提供）

民 89 年 4 月 1 日在秀宛，旅美詩人謝青來訪。
前排左起：汪洋萍、林恭祖、張清香、晶晶、關雲。
二排左起：文林、賀志堅、劉菲、傅予、潘皓、麥穗。
三排左起：張朗、王幻、徐世澤、藍雲、謝輝煌、謝青、董劍秋。
（麥穗提供）

1993 年 6 月，三月詩會在國家劇院餐廳雅聚論詩。左起：文曉村、謝輝煌、藍雲、晶晶、張朗、王幻、邱平、林紹梅。　（麥穗攝影、劉菲在鏡頭外）
（麥穗提供）

1997 年 8 月在秀宛，武漢華中師範大學王常新教授來參加三月詩會。
前排左起：莫野、晶晶、王幻、王常新、王碧儀、關雲。
後排左起：汪洋萍、藍雲、麥穗、文曉村、張朗、林恭祖、
一信、邱平、謝輝煌。（金筑攝影，麥穗提供）

1994 年 9 月 18 日在秀苑，大陸哈爾濱青年詩人阿櫓來訪。前排左起：文曉村、林紹梅、劉建化、晶晶、謝輝煌、汪洋萍。後排左起：邱平、王幻、一信、藍雲、阿櫓、張朗、麥穗。（金筑提供）

1998 年 4 月 4 日在秀苑。前排左起：金筑、謝輝煌、關雲、王碧儀、汪洋萍。後排左起：林齡、一信、藍雲、劉菲、張朗、徐世澤、麥穗、大蒙。（一信攝影，金筑提供）

唐溶在圓緣茶坊招待三月詩會詩人。
左起：一信、金筑、麥穗、邱平、周伯乃、唐溶、晶晶、文曉村、

2002 年 11 月 2 日在中央圖書館餐廳。
左起：潘皓、金筑、謝輝煌、汪洋萍、王幻。（金筑提供）

2010 年 5 月 20 日，參觀蔡信昌的美展。
左起：關雲、陳福成、王幻、蔡信昌、雪飛、謝輝煌、金筑。

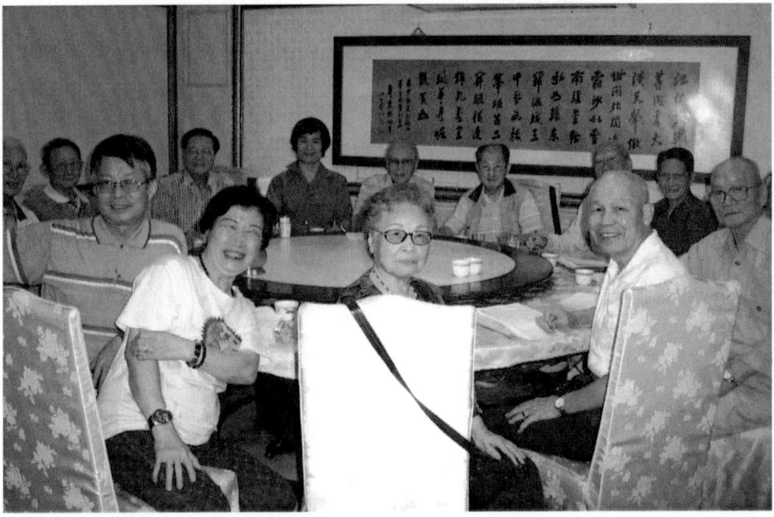

2010 年在真北平，從正前方最近向左順時針起：晶晶、關雲、陳福成、童佑華、一信、雪飛、蔡信昌、麥穗、謝輝煌、許世澤、潘皓、王幻、許運超。

2006 年 10 月 9 日，雪飛在反扁大舞台上，左邊是本書作者陳福成。

2006 年 9 月 9 日，麥穗參加倒扁靜坐。

9 照 片

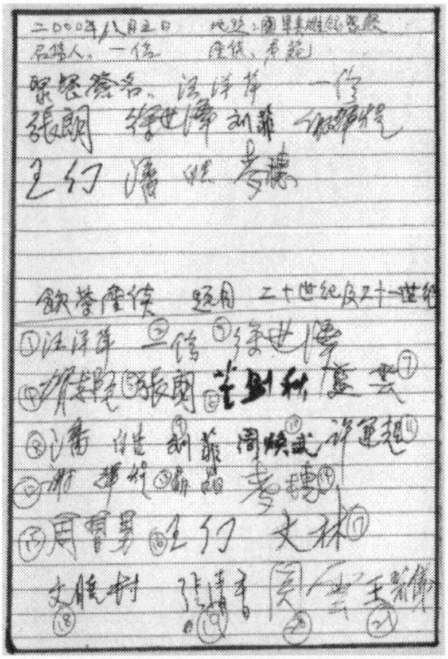
二000年八月三日 地點：國軍英雄館

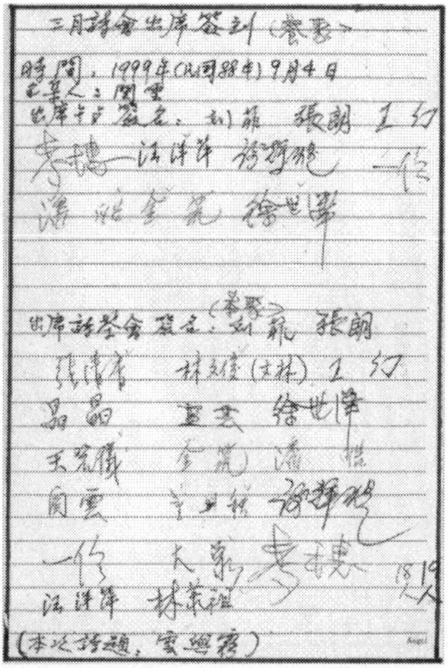
三月詩會出席簽到
時間：1999年（民國88年）9月4日

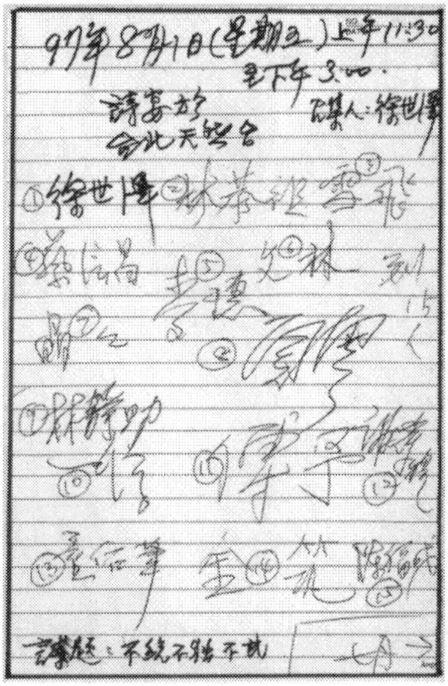
97年8月1日（星期三）上午11:30
至下午3:00

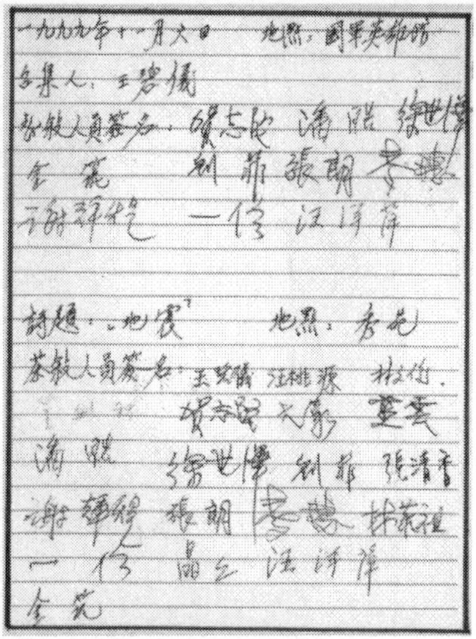
一九九九年

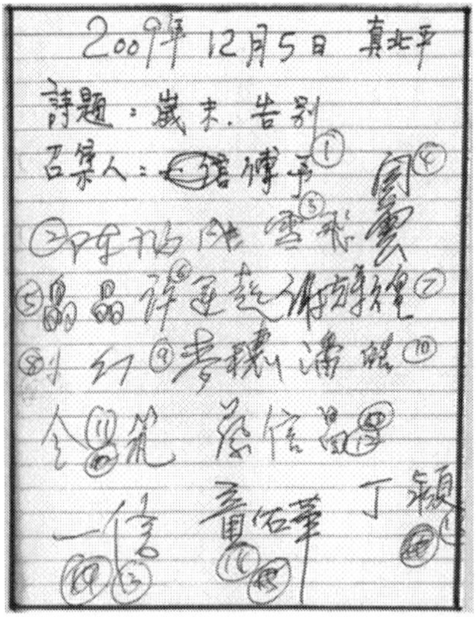

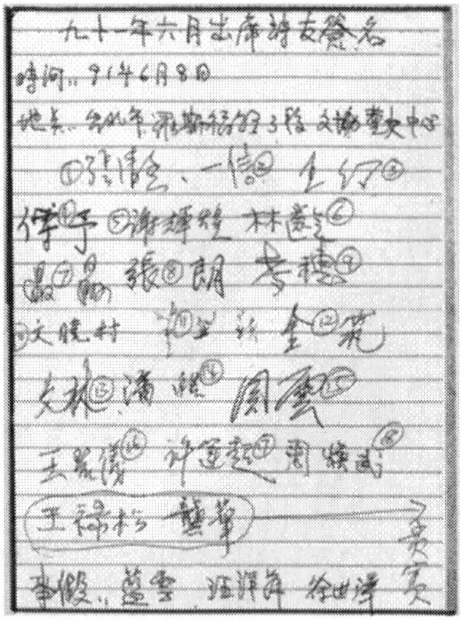

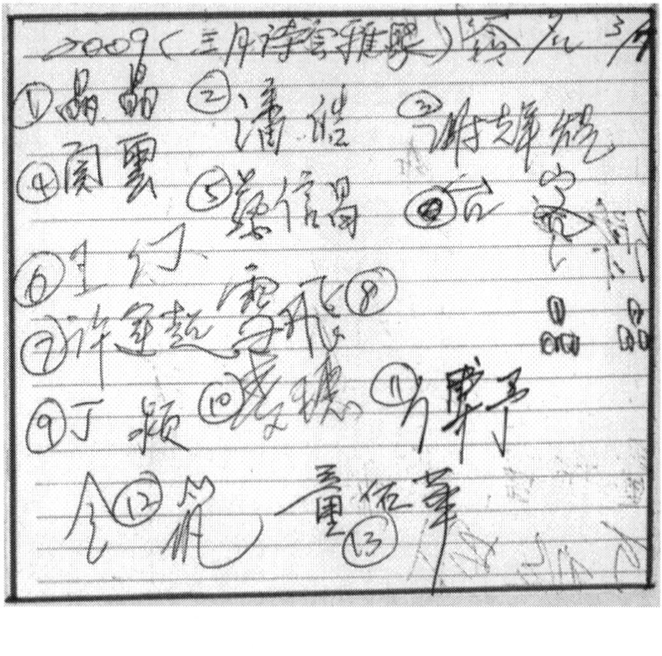

11 照片

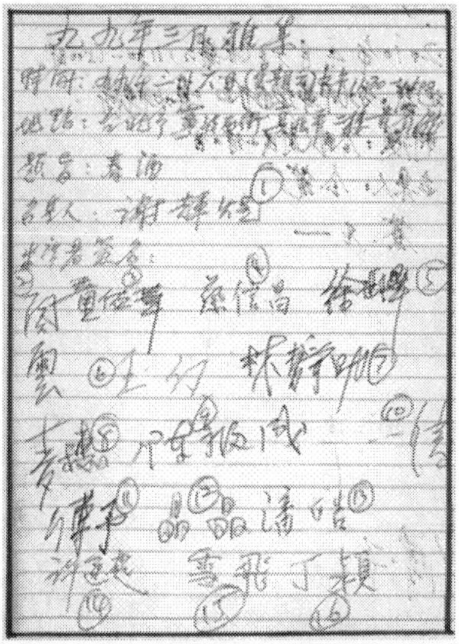

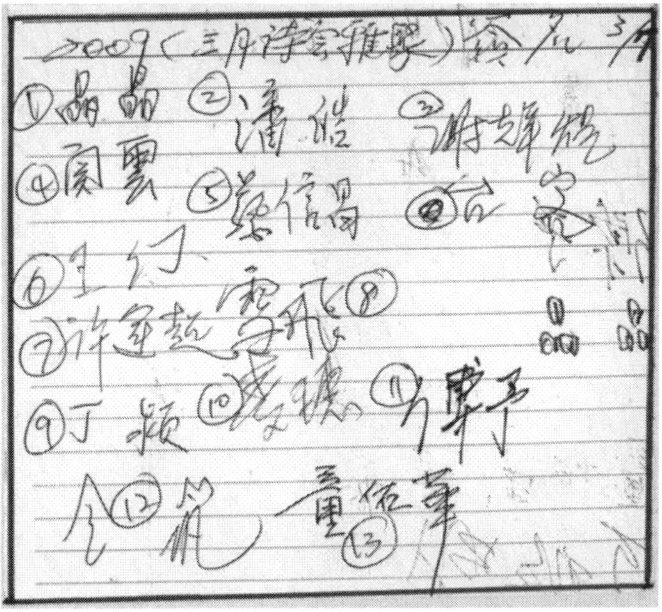

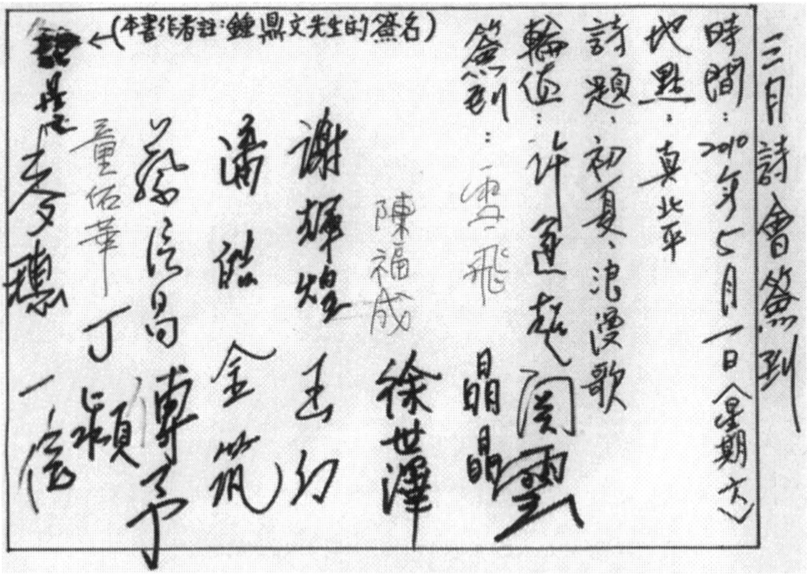

三月詩會簽到

時間：2010年5月1日（星期六）

地點：真北平

詩題：初夏、浪漫歌

輪值：許運超、關雲

簽到：雪飛　晶晶

徐世澤　陳福成

謝輝煌　王幻

潘皓　金筑

蔡信昌　傅予

童佑華　丁潁

麥穗　一信

←（本書作者註：鍾鼎文先生的簽名）

三月詩會研究
——春秋大秦十八年

目　錄

第一篇 三月詩會屬性研究……四九

第二篇 三月詩會跫音足跡研究……一〇五

序篇

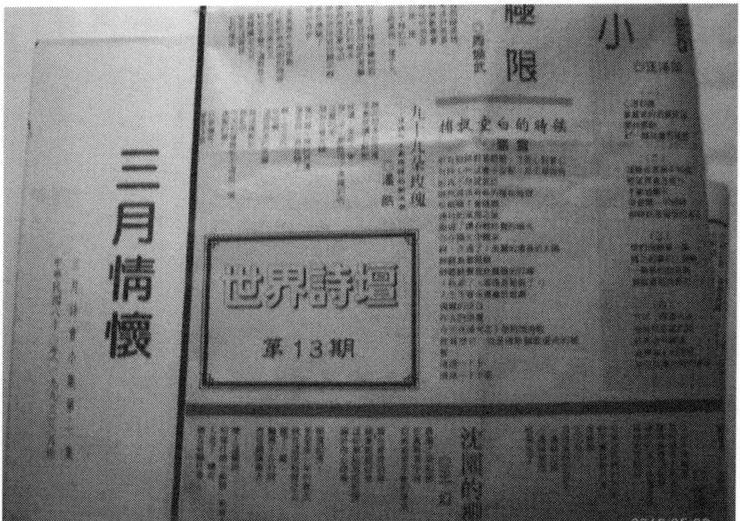

第二刷序：都請「亮劍」

本書甫一出爐，才一個多月，被「搶索」一空，贅本文爲二刷序。

辛亥百年、民國百壽、二〇一一年之前夕，本書第一版第一刷秀出，我以爲是亮出一把「屠龍刀」……我靜觀其變。

不久，謝輝煌先生給我一篇讀本書的評論文（附書末），我細讀幾回，驚覺竟碰到一把「倚天劍」，雙劍一碰，真相是什麼？

另外麥穗先生提出許多糾正、錯白字等，均在第二刷再印時一併修訂。萬分感謝！

原書序中作者已有告白，本書的佈局很弔詭、很故意。我也知道世間沒有任何論述、任何詮釋，可以讓所有人都心服口服，乃至誰都不服！

那麼，都請「亮劍」吧！把你的不服，你的觀點，以書面寄來（不接受口頭言說、出版社地址在版權頁），本書作者計畫整理各家觀點，出版一本「各家論戰選集」。

有興趣的，上擂台玩玩吧！或許有機會以詩爲武，來一場「詩林盛會」，那就更好玩了！

再次感謝麥穗先生、謝輝煌先生爲本書提出的校對、鴻文；並以本書爲辛亥百年、民國百壽、中國崛起，和平統一啓動不可逆「機制」之獻禮、紀念。

總序詩：三月的思念

林紹梅

春雨酸化為
鄉秋後
繁花綻放的
都是思念

猛回首
頓覺歲月
竟是殘酷的
關懷
思念在

風中碎了
三月
已是暮春
繁花依然
有一次
留戀的嫵媚

一九九三、三、二四於新店市

本書作者小記：

先行者林紹梅先生已走了，吾人無從能夠爭求他的同意，將這首「三月的思念」做為本書的總序詩。在我的研究，發現這首詩是所有三月詩會詩人創作千百首詩中，列屬「第一首」，你是三月詩會催生者，始創者，以本詩爲全書之啓幕，有重大意義。

相信再次展示林先生的詩作，您應是會同意吧！或許您已輪迴轉世成另一個新生命，也將來參加三月詩會，那時您再補一句「同意」好嗎？

序詩一：梅花的風骨

王幻

梅是冬天的花
不與蘭蕙爭春
不和芳菲競妍
抱著香遠益清的冰心
任令小寒大寒冷起
「大雪滿弓刀」的豪氣

梅是冬天的花
天生一身
霜姿傲骨

對那狂風決不妥協哈腰
仰天、高歌、長嘯

梅是冬天的花
不為孤山高士
寧作梅山烈士
把滿腔沸騰的丹枕熱血
噴灑殷紅斑斑的雪嶺
樹立一尊國士的本色！

二〇〇九年元旦日於晚吟樓

註：孤山高士林和靖，以「梅妻鶴子」終老。梅山烈士史可法，揚州十日殉國，他的衣冠塚葬在梅山，供後人憑弔。

九十八年一月二十二日　世界詩壇一四九期

序詩二：春秋大業十八年

──寫在「三月詩會」十八周年

麥穗

春三月是出發的季節
一群在詩壇走了數十冬的吟者
再來一次排排坐　齊步走
走向不退不休的目標
這一走就走了十八個年頭

十一個帶頭跨出第一步的同好
有的半途退了
有的累了息了

其中五位大踏步跨出了人世
去尋找另一個場地
邀李白　杜甫　賀知章……
再組一個詩會？
剩下白髮蒼蒼的一女三男（註一）
他們堅持了十八年
唉　實足的詩癡

一月一聚　一壺酒　一首詩
加上一杯茶或咖啡
國家圖書館　故宮博物院
中正紀念堂　明星咖啡屋
國家劇場　中央黨部
文藝協會　陸羽茶館
醉紅小酌　輝煌川菜

英雄館　天然台　真北平
內湖　碧潭　鶯歌　秀苑
安康、板橋
都曾留下過三月的身影和
笑聲　吟聲　各持已見的爭議聲

接受過九十開外大老的指導
接待過旅美詩友的來訪
歡迎過彼岸名家交流
台灣各大詩社的主編　名詩人
藍星　秋水　乾坤　海鷗
葡萄園　台灣詩學都曾光臨

聚聚散散
來來去去

從十一人出發聚散超過四十
他們無論是
將軍　教授　畫家　醫生
商賈　公教　勞工
退伍老兵　家庭主婦
在三月裡沒有身價地位之別
祇有詩和友情的融合

從「三月」一步步走到
「三月詩會春秋大業十八年」（註二）
走過六千五百多個子子
喝掉二百多個周末
一句一吟唱　吟唱出
三月情懷　三月交響　三月風華
千禧三月　三月十年　彩霞滿天

十八個春秋　六大本選集
是小聚　是大業
就請史家之筆來定論

二〇一〇年五月十六日　於烏來山居

註一：三月詩會創會於一九九三年三月，創會同仁有林紹梅、田湜、王幻、文曉村、藍雲、邱平、劉菲、張朗、晶晶、謝輝煌、麥穗等十一位。十八年來有田湜、文曉村、劉菲、張朗、林紹梅等五位不幸過世。邱平、藍雲因故退會，現尚有王幻、晶晶、謝輝煌、麥穗在繼續努力。

註二：三月詩會固定每月第一個週末雅聚，由同仁輪流召集，並命題作詩，於次月交卷吟誦，並由同仁合評。「三月」是詩會成立的第一個詩題，「三月詩會春秋大業十八年」是今（二〇一〇）年六月最近的一個詩題。

序詩三：老樹懷春

謝輝煌

入冬了
老樹們不想冬眠　也不想再睏
被子一掀
奔向三月的蘭亭

不是遙遠的山陰
是腳下台北的中山南路
晚來的春寒咬得枝葉們發抖
仰望雲天　誰知他們流浪的辛苦

流浪
一個春又一個秋
秋天裡的春心依然唱著歌
不管河水東西南北的日夜奔流

註記：「三月詩會」成立於民國八十二年暮春三月，當時，台北政壇吹起陣陣春寒，報紙上有「今年的春天比以往更冷」的標題。然而，我們這一群息了影的軍公教，除了能寫幾首不值錢的詩外，還能做什麼呢？

九十九年五月一日　作

序詩四：二九嘉年華

——給三月詩會

晶晶

你是一位最受鍾愛的寵兒
一九九三年、三月
你從十一位（註）褓姆手中誕生
漫漫十八年，他們以深深的愛
伴著你成長、成年
欣慰你以健康、完美且與眾不同的姿態展現
今天，你已樹立起自我的韻緻、品味
　形成了獨特的詩觀、風格

今後，歲月會給你更堅苦的磨礪
　時代會予以更嚴格的鑑照
　詩友們更慎重地賦予你一份傳承的重任

生命有盡
堅持的詩心不朽、延續的呵護不斷
除了愛與祝福，更懷著熱切的期盼，願你：
　胸如海，匯納百川
　心存真，靈慧常明
　無爭無忤；永安永恆

註：林紹梅、田湜、王幻、文曉村、藍雲、張朗、劉菲、謝輝煌、邱平、麥穗、晶晶等十一人。

二〇一〇年五月三十一日　渴望居

「春秋正義」釋意

這本「春秋詩選」是一本現代詩選集，但非一般現代詩集，而是一本以「春秋正義」爲核心思想與價值的現代詩選集。何謂「春秋正義」？略釋要意。

「春秋」是指我國春秋時代各國國史的通名，也是魯國國史的專名。現有的春秋記述內容，從魯隱公元年（西元前七二二）起，到魯哀公十四（西元前四八一），共計十二代君主，二百四十二年。春秋的作者是孔子，歷史上爲春秋作傳的很多，今傳有左傳、公羊傳和穀梁傳，簡述之。

「左傳」，另名「左氏春秋」，作者左丘明，約成於戰國初年。左傳記載春秋時代各國史事甚詳，強調民本思想和禮義，堅定認爲國家領導人的一切思維，均要源自「民本」，人民才是國家之本。

「公羊傳」，儒家口耳相傳的解經之作，到漢景帝時才由公羊家族寫成定書，公羊傳闡揚孔子春秋的大義意涵，在大一統、仁政、反侵略思想，尤其在區別「中國」與「非中國」有明確釋意，是儒家政治思想的寶庫。

「穀梁傳」相傳是子夏的弟子、魯人穀梁淑所作。與前二傳相比，穀梁傳更好言褒貶，對當時從政之人有賢、善、美、惡、譏、刺、卑、微之批判，尤其批判貪腐甚力，更闡揚孔子「正名」思想，均屬「春秋之義」。

綜合春秋三傳之「春秋正義」內涵，包括大一統、民本、仁政、正名、反侵略、反貪腐及「中國和非中國之別」等思想，事實上，這些價值孔子在世時，常於各種講經說法、教學、言談提到，經幾千年發展，已成中國社會一般人民及政治人物治國的核心思想。凡是違背這些思想價值，其政權和統治者都很難被人民接受，通常這些政權都存在不久（如地方割據等），不是垮台，便是回頭擁抱「正確」的春秋正義價值。故曰：「孔子成春秋而亂臣賊子懼」，歷代史官乃本春秋大義標準，證述並批判當時國事。是故，「春秋正義」在我國歷史上，也稱「千年憲法」。

中國歷史上各朝代之被終結或垮台，皆因統治階層違背了「千年憲法」的精神思想，因而被人民推翻了。但有些政權及時醒悟流失「春秋正義」的後果，急忙回頭，回到合乎春秋之義的軌道上，得以「存活」，並開創更輝煌的局面。元初、清初及毛澤東時代的「文化大革命」，都大搞「去中國化」，發現路走不下去（硬走下去便是滅亡），便回頭大搞「中國化」，以「取悅」人民，換取政權的「存活」。

台獨執政那八年，是「典型」的違反春秋正義，違反中國「千年憲法」，台獨思想是地方割據的異形，陳水扁家族洗錢案及獨派政客貪污案一一曝光，都是一種「證明」。證明甚麼?

證明分離主義、地方割據思想的「暫時性」，維持不久的政權，既不久要垮台，有權力的人便能吃盡量吃，能撈盡量撈，撈飽了走人。

這本詩集之所以「非一般現代詩集」，乃在絕大多數的詩本於「春秋正義」之論述，對「異形」展開批判攻勢，揭發其黑暗腐敗之本質，而不在意詩的美麗與否。於此之相對面，便是對中華文化，對中國的統一完整性、對千秋萬世的炎黃子民，是一種維護鞏固，表達一種捍衛的決心，必使春秋正義得以彰顯。

當然，萬事萬物都是相對的，要「擁抱上帝」，必「得罪魔鬼」。如馬英九（代表統派）要推三通，便要陳雲林來，獨派激進者（大多是盲從者）便抗議；要辦陳水扁，一群獨魔便會反撲，會有一些些動亂，這是「必要成本」。即使這一點「成本」，還是有很多人覺得成本太高。

但，那有甚麼關係呢?當長江黃河巨浪衝來，濁水溪或愛河邊那一點微風細雨都是小泡沫，山都擋不住的。中國歷史進行曲有一定的譜調，春秋正義在，邪不勝正。未來台灣的統派要和大陸執政者，人民緊緊連結在一起，目的是宏揚中華文化，高舉春秋正義、仁政、民本，正名的大旗，統一便是很自然的得到全民支持而如水到渠成，也很自然的終結掉台獨。就算有極少死硬派反抗，惟大勢所趨，小泡沫起不了作用。

啊!孔子，有你便有中國

無你，中國在那裡?

二〇〇八年十一月十一日　台北

義便是義，還有甚麼春秋正義？

「義」是人的良知和理性的表現，也是判斷是非、善惡的標準，其標準亦有消極面和積極面兩個「水平」。從消極面說，凡不合乎義的事，我們斷然不做，這叫「有所不爲」；從積極面說，凡合乎義的事，我們必須去做，這叫「有所爲」。

到底一個人應該有所爲，還是有所不爲？得視事情之性質和機緣。故孔子講「執兩用中」，孟子曰：「義者，宜也。」韓愈說：「行而宜之之謂義。」都是在解釋一個人的行爲，如何才是「義」。合宜就是義，就是正當；不合宜就是不義、不正當。孟子又說：「羞惡之心，義也。」又曰：「非其有而取之，非義也。」已明示吾人「有所不爲」、「有所不取」，凡損人利己，有害公眾之事，均爲不義。而「己立立人，己達達人」，便合乎義。

中山先生講的義，就是「正義」，他在「民族主義」第六講說：「講到義字，中國人在很強盛的時代，也沒有完全去滅人國家，比方從前的高麗（又名朝鮮，今韓國），名義上屬中國的藩屬，實際上是獨立國家。就是在二十年以前，高麗還是獨立，到了近一、二十年高麗才失其自由（指日本發動甲午戰爭併吞韓國）。證明中國人講信義，日本人不講信義。」中山先生又說：「中國強了幾千年而高麗猶在，日本強了不過二十年，便把高麗滅了。」孫中山以史事說明鬼子是不義之民族，而我國如孟子言「行一不義，殺一不辜而得天下，皆不爲也。」亦見兩國（民族）文化之高低。

當代猶太社會思想家諾錫克（**Robert Nozick**），在他的「正義論」指出，人類行爲如何才算公正、公道合乎正義原則？牽涉三個主題：第一是最初取得的方式是否合宜？第二是轉移過程，如某甲轉移到某乙，是否涉到籍交易、贈送，或欺騙、脅迫等不義行爲而達成？第三爲過去不義之擁有，經過改正、補救手續，得以堂堂正正的擁有。以上諾錫克稱「獲得、轉移、改正」三正義原則，此與吾國古聖先賢的正義論述相通。

以上析論，亦見正義是人類社會的普世價值，爲人類社會之能成「人類社會」最重要的價值標準。

本書爲何正義之上又加「春秋」，這顯然是民族文化的設限，如伊斯蘭文化以信仰阿拉爲正義標準，其他民族亦同。我國「春秋正義」，源於孔子作春秋，後世爲春秋作傳者最有名的三家是左傳、公羊傳和穀梁傳。綜合各家內涵有四：

⊙禮義廉恥是國家社會的普遍價值。

⊙仁政、統一和反侵略是中國政治思想的核心。

⊙發揚論語中的仁義道德忠孝節義精神。

⊙對不義的統治者秉筆直書亦恆持批判態度。

以上四個內涵正是春秋正義的四大價值標準，在中國歷史上講任何人的行為，義與不義，甚至歷史走向，都受此規範，春秋正義也叫中國歷史文化的「萬世憲法」。故「孔子成春秋而亂臣賊子懼」，如公元二〇〇四年「三一九槍擊案」和現在這些台獨份子，甚麼都不怕，就怕春秋正義之前，「董狐」之筆不留情，說他們是亂臣賊子，篡竊者，這恐怕是無可避免的歷史定位了。嗚呼！傷哉！篡偷盜均不義也。

馬英九的魄力、智慧和歷史地位

——春秋正義價值史觀之彰顯

馬英九就職總統已半年多，各界褒貶聲音很多，平實而論，家不可能半年就全部「翻紅盤」，且褒貶之聲大多在「枝枝節節」上打轉，未切中「要害」。

國家領導人之大任，在如何把持國家的「大政方針」，向正確之方向前進；而不在某立委說錯話，某縣市長不聽話，吾人以爲，中國古來的政權領導人（含分裂時代各地方政權領導人，不論稱王稱帝或叫「總統」。），其魄力、智慧和歷史地位的唯一評量標準，便是對「春秋正義價值史觀」的堅持與不斷的力行實踐，直到真生命結束。所以，「馬路」還長的很，惟以本書出版之良機再贅數言，啓時黎民百姓心智，並解眾惑。

從這半年檢驗，馬英九的魄力和智慧展現在辦扁家族貪污案，及「大三通」的實現。

很多人罵馬英九無能懦弱等，若真如此，扁案就辦不下去，三通亦無望，同文同種的炎黃子民仍在對立。

有人又會天真的說，司法獨立辦案，又不是馬英九辦案，這是「政治白痴」的天真想法。像扁家這種動搖本及社會根本的大案，絕對要國家領導人的「意志支持」，才辦的下去，此非「下指導棋」，而是對司法獨立的支持，以確保廉能價值（即春秋正義價值的一部份）。眼前亦有「鐵證如山」可以詮釋之，即陳水扁在位時，整個扁家族及滿朝貪官，司法單位爲何都辦不下去？必待馬英九就職後，才開始辦「前朝」官員，才把竊國竊位的大貪污者陳水扁「壓」起來！這表示所謂「司法獨立」是有限制的，也有時空關係的，更須要國家領導人堅定的「意志支持」。

但馬英九最終極的歷史定位（或地位），並不能止於辦陳水扁，而在他的「終統論」之實現。若他只用嘴巴說說，沒有在「操作面」逐一實踐，小馬終究僅是「地方割據者」，在中國歷史上的定位可能很負面，頂多是清廉者，而對國家統一沒有貢獻。因爲，春秋大義價值史觀不是光用嘴巴說的，說而不做是「政治語言」，言行合一才合春秋之義。

所幸，小馬已經親自啓動終統的「機制」，此便是大三通，這個機制一但啓動，便是加速其不可逆的統一進程，最後導至中國統一，他所說「在職期間不與中共談統一」，再清楚不過是「政治語言」，他至今確實沒談過統一，但有關統一的各個變項，已一一被解決「攻破」，使統一更爲有利，這是小馬的智慧和魄力，再過幾天「團團圓圓」也要來了，大快人心啊！

馬英九的春秋大義歷史地位，我這支「史筆」就先記一筆了，我肯定他對國家統一必將有更大貢獻。萬盛山莊主人陳福成二〇〇八年冬草於中國台北。

關於本書：三月詩會研究

書寫完了，總得寫幾句以交待動機，一定有甚麼動機吧！確實有，在還沒有開筆前，確實胸中澎湃著「偉大的想法」。試想，現在每月聚會，不管到幾位詩人（平均約十五位），論其春秋總數，絕對是「千歲」以上！

這每月一次的「千歲宴」，應是台灣詩壇何等盛事！三月詩會的腳印、跫音、怎不留下一些；三月詩會從十八年前林紹梅推動下成立，他們曾經青春過，但青春的腳步，零落在時空的牆角下，久之青史盡成灰！

我只是趕在青史成灰之前，急著撿拾、綴輯，或加以整理使成有一點系統，而美其名曰「三月詩會研究」吧！其中有不少篇幅在介紹三月詩人作品，因此本書不完全是「著」，也把三月詩會詩人作品編入，有編的性質。這要感謝三月詩會全體同仁。

有些篇章的寫法、布局和選材，確實很弔詭、很故意，有人可能看不下去，懷疑我的動機有之，冷諷有之，是故，我要說明本書唯一論述標準是春秋大義，勿論人或詩，以春秋大義爲評量標準。爲讀者能進一步理解春秋大義，在序篇有三篇短文，是春秋大義的延伸閱讀，看似和三月詩會無關，卻是我認定三月詩會的核心思維。

三月詩會即將邁入第十八年，這是多麼的不容易，爲感念這一路走來的可貴，二〇一〇年六月我輪值時，詩題訂爲「三月詩會春秋大義十八年」，在此範圍各家發揮，後以王幻、麥穗、謝輝煌和晶晶四位「創黨元老」詩作爲序，餘各家編第四篇，都是一個紀念。

本書寫作過程中，有關照片、原始文件、日記資料等，都是本會各詩人提供，感謝大家熱烈參與。全書出版前又經麥穗大哥校讀修訂，特別要感謝這位「新詩野史館館長」，但一切的錯誤、責任，仍由我承擔，有任何指教，我都虛心接受（以書面爲準），以利未來修正之用。

感謝也是三月詩會同仁的畫家蔡信昌兄，提供他的兩幅畫作，桂林山水爲本書封面，台灣玉山爲封底。

第一篇　三月詩會屬性研究

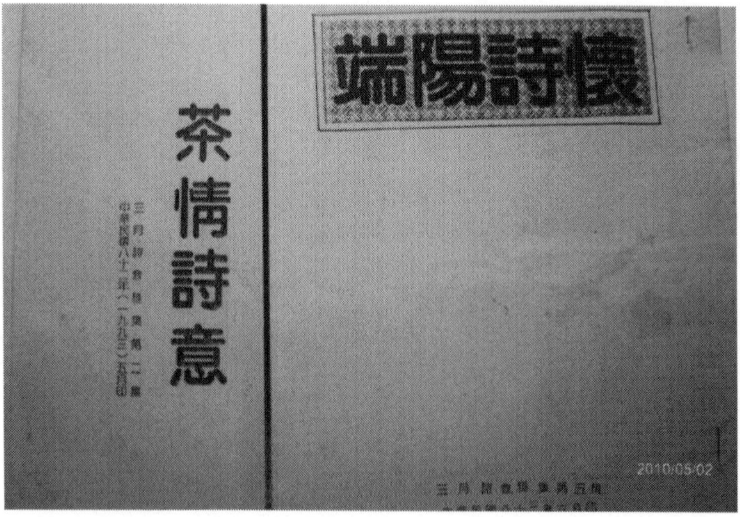
端陽詩懷
茶情詩意
三月詩會詩集第二集
中華民國八十二年（一九九三）五月印
2010/05/02

第一章 我對「三月詩會」詩人的最早即興直觀寫真

我與當代兩岸文壇詩人有些交誼，事實上是很短很短的事，至今不超過八年吧！當了一輩子軍人，如今回憶、反思、比較，在野戰部隊那段日子，還真像住在「鐵幕」裡，一切的行爲、思想都被封鎖在一個小小的、極有限的空間，直到民八十三年來台灣大學，世間突然「開封」了，你好像進到另一個不同的宇宙，所見都有些神奇、奇怪。我在「五十不惑」一書有寫到，這是一個不一樣的世界。

一九九九年初我退伍了，老朋友也是名重當代的詩人企業家范揚松先生，是我最早接觸到的一位「民間詩人」，我寫詩、他也寫詩，自然是「物以類聚」啦！范兄又是一位任俠好義的人，經常邀約一大票文友到他在羅斯福路五段的公司論詩品酒（在晚上）。

此期間，我便聽人提過「三月詩會」，感覺上像「講一個影、生一個仔」（台語），像聽「傳說」，或聽人聊「外星人」的存在。

民國九十年底，我寫「江湖夜雨十年燈：評詩人范揚松近十年作品」（一九九一—二〇〇一），這是一篇評現代詩的學術論文，全文約二萬字，刊載「葡萄園詩刊」第一五三期，九十一年春季號。這篇論文是我接觸「葡萄園」詩人群的「敲門磚」，葡萄園與三月詩會關係密切。此後的幾年，我常聽到葡萄詩人提起三月詩會。此期間，我心中的三月詩會已非「傳說」，而是真實的存在，「係金A啦」，那些詩人也不是「外星人」了，許多當代文壇重量級人物，如文曉村、金筑、一信、謝輝煌、麥穗、晶晶等人，我都已「耳聞」。當然，他們的作品，在早幾年我曾讀過，而參加三月詩會很晚的丁穎，我在數十年前就讀過他在黎明出版的作品。

二〇〇八年元月，國內政局 **High** 翻天，小小的空間裡，像是關了一大群瘋狗，而那「陳水扁僞政權」，已如日薄崦嵫，正做最後的困獸之鬥。果然，元月十二日的立委選舉，藍營大勝，獨派兵敗如山倒，而那八年的台獨「毒政權」，正好論證「台獨是騙人的」的政客謊言。面對貪污腐敗的政權，詩人不可能沒有感覺，因爲詩人是所有「物種」中，最真誠、最忠於良知良能的生命。在林靜助和金筑二位的盛情邀約，我在這時正式參加「三月詩會」，也因是第一次，我尚未提出作品，但即席隨興針對與會每位詩人作品，賦詩一首（歌仔戲七字體），現場贈每位詩人。

這些即興詩作我後來收在「幻夢花開一江山」（文史哲，二〇〇八年三月），以「本肇居士」之名出版，爲求本書之完整性，乃又再錄爲本書之一章，以窺我研究「三月詩會」之始末和經過。

由於這時詩人們正面對著貪婪無度的「吸血政權」，多位詩人以政局爲批判對象，這是中國歷代詩人的優良傳統，李白、杜甫、白居易……都曾提詩批判政局，但政治清明時，詩人亦賦詩頌揚。以下是我的第一次：

詠「三月詩會」雅集即興詩鈔

二〇〇八年元月五日，「三月詩會」在台北醉紅小酌雅聚，召集人是畫家蔡信昌，詩題是「願望與返璞歸真」。我第一次參與盛會，針對各家詩作即興賦詩一首，贈每位詩人先進。

詠蔡信昌「我的願望・返璞歸真」

大筆一揮渾沌開，詩畫雙絕是人才；

返璞歸真正是愛，如今人類毀滅賽。

詠雪飛「宇宙的歌聲」

雪飛歌聲宇宙飛，天使展翅藍空追；
喚醒地球惡夢纏，藍色天空愛相隨。

詠關雲「路轉人轉」

關雲關公一個人，乘願再來真是神；
路轉人轉心轉對，轉過彎拐望星辰。

詠晶晶「選風來襲」

選風襲向晶晶姊，真偽黑白全苟且；
大姊智慧跳出來，不同的路新鮮些。

詠林恭祖「歌唱海峽兩岸廈門詩詞筆會文」

林恭祖乘兩岸浪，孤臣孽子不尋常；
兩岸建橋求統一，大業終成大家觴。

詠徐世澤「我的願望」

惟悴蒼老是新生，眾生難脫輪迴程；

靈魂憩息陽明山，春泥護花愛永恆。

詠潘皓「又是個奧步」

潘皓巨椽批奧步，簒國竊位遲早輸；
貪污腐敗代代有，春秋大義我佩服。

詠傅予「願景」

傅予願景照兩岸，驚濤駭浪萬重山；
大難回生建長橋，同胞有心並不難。

詠一信「愛國的變調與返璞歸眞」

一信詩兄講愛國，衆説紛紛一籮籮；
返璞歸真正是詩，意象簡鮮不囉嗦。

詠謝輝煌「窗內窗外·怒潮·麥子又著地」

窗內窗外謝輝煌，大正至中誰是王；
怒潮花開滿天下，一生不忘是炎黃。

註：「怒潮學校」於民國三十八年成立於江西南城，意在布局最後反攻，可詳見謝輝煌所寫，「怒潮」花開滿天下一文。

詠金筑「二〇〇八的奏鳴」

金筑老哥新奏鳴，萬象風景旋律吟；
縱棋飛昇第幾春，詩文歌聲永亮清。

詠麥穗「鼠年願望」

麥穗大義批鼠輩，篡國竊位真惡劣；
鼠輩執政蒼生苦，莫非台灣出紂桀。

詠童佑華「那晃子・我站在村頭」

童佑華當年放年，牛馬奮鬥永無休；
騎牛騎馬能頓悟，今後詩文會不朽。

詠林靜助「回望的心願」

汰沙瀝金林靜助，贏得諸君來護持；
浮生六記雖是夢，也叫夢花美如詩。

詠許運超「人生停格十小時有記」（人未到詩到）

人生停格十小時，天堂地府也有詩；
將軍有淚不輕彈，前世今生應如是。

這次的「三月詩會」含我共到十五位，另許運超人未到詩到。將軍能寫詩的極少，能經常出席詩會的更少，北部我認識的許運超將軍，南部在一次詩會上碰到汪啓疆（海軍中將退伍），此外，似未曾有第三人了！

除這回有系列性的歌詠三月詩會諸家，事實上，我零零星星以詩吟誦三月詩會的作品還有，臚陳於後，併供雅賞，也見證我對這批三月詩人是有「感覺」的：

詠詩人麥穗

真森林詩人麥穗，攀峰谷萬山千水；
穹蒼榛狉凝詩文，山歌傳唱代代洄。

詠文曉村老師

國共兩軍文曉村，一尊木訥的靈魂；
兩岸詩壇葡萄園，健康明朗中國文。
青海遠行先告別，叮嚀愛妻一些些；
母親懷裡快慰躺，碧海藍天魂陶治。
淡淡懷念濃濃愁，葡萄園裡藤藤揉；
文老一走大柱抽，後生小輩壯吾國。

詠詩人金筑

飛絮風華金筑夢，詩歌聲樂他全能；
氣勢奔勝龍虎躍，行雲流水美采生。

詠周煥武

煥武周公早了然，詩話散文都是禪；
自然悟然得真理，圓滿走最後一站。

詠雪飛兄

雪飛大哥當社長，青溪論壇響叮當；
大家快活好打拼，提筆一杯話滄桑。
雪飛飛雪詩千行，抗日血淚三十章；
人生走過萬山水，文武全才人稱觴。

詠林靜助兄

青溪宗長林靜助，一步一印人真實；
共襄盛舉不打烊，英雄俠女來護持。

詠世界論壇報「世界詩壇」主編詩人王幻先生

說是幻翁並非幻，打擊貪腐不手軟；
春秋大義再彰顯，華夏一統幻翁歡。

詠詩人汪洋萍

洋萍心中大海洋，老爹詩魂中國強；
念念不忘秋水情，再行組團探故鄉。

詠詩人林齡

秋水大家長林齡，資深詩人無私心；
慷慨布施謙君子，美食好料家長請。

以上這些詩作，雖談不上有多高明，卻也是爲每位詩人「量身訂製」，合於當事人的背景、屬性，當然也是我的「直觀」．每一首詩都有典故、有故事，隱藏著詩人的成就或作品風格，若要加以註解，或詳解之，每一首詩都可以寫成一篇文章。

而那些故事，知道的人自會知道，不知道的人也永遠不會知道，但只要自認是詩壇中人，多少是知道的，至少不陌生。因此，我不再贅文註解前面那些詩作，藏著、含蓄著，是一種美感。

只是，我所吟詠的三月詩人，文老和周公已駕去道山，都不過是這幾年的事，當我看見他們時，那種發揮「天生我材必有用」，讓人感動；但「朝如青絲暮成雪」，多麼叫人感傷啊！他們走了幾年，就是我們多了幾歲！

我知道，文壇上，三月詩會詩人群會永遠紀念、懷念他們。

第二章 「三月詩會」會員屬性探底概析

欲了解一個人的內心世界，探知其「屬性」，我較喜愛從他的基本背景去探底，這得去讀他的作品和追他的「源頭」。

我較少直接問當事人，或做正式訪問，除非針對一些是不是、有沒有的「實然問題」，簡單問答；至於較深入的「應然問題」，我以爲訪問對答存有太多「禮儀性」、「修飾性」語句，不夠貼近「真實」。

從基本背景探究某人的屬性，有二種途徑，一是先天的，一是後天的，先天所指是他的血緣關係，如籍貫、出生地、先祖，乃至延續到他的成長背景。例如，某人說「我是湖南人、中國人、炎黃子孫」等語句，這就是一種血緣關係的認同，大底一切生物（動物、植物）都有這種特性。

但萬事萬物都有例外，甚至牛頓三大定律或愛因斯坦相對論，也不是放之全宇宙而皆準，也有不準的，所以，科學上一切定律，只不過是暫時的「理論」吧！準此，你面對著一朵玫瑰花，明明「她是一朵玫瑰花」。

她可能否定自己說：「我不是玫瑰花。」她病了。

在人類社會此種事也有，例如流行音樂天王麥克傑克遜本是黑人，但他一生痛恨黑人，因他小時曾是受虐兒。所以，盡其一生努力要「改造自己」，把自己「漂白」成白人。這是多麼痛苦的事！要否定自己、否定祖宗，要「換膚」，若醫學發達到可以「換血」或「換基因」，變成別的人種（只要不是黑種），相信麥克是願意花錢吧！但終究不可得、不可能，所以活的痛苦，也活的悲哀、可憐，很叫人同情。

類似的事台灣也有，很多「深綠」人馬，他們否定自己是中國人的屬性，否定自己是炎黃子孫的血關係。如一朵鮮艷的玫瑰花，但死硬說：「我不是玫瑰花。」

否定了自己便只好生活在謊言中，天天製造謊言，最嚴重的是經營自由時報的林榮三和吳阿明系統，這個媒體成立的宗旨在醜化中國、醜化中國人、醜化中華文化，這樣否定自己的血緣關係，在一切物種中是極少的例外。在地球演化史上，吾人似未見有甚麼物種如此努力的否定自己，否定自己的祖宗。自由時報因而成爲台灣假新聞的製造廠，他們每日「新聞」，幾乎難有一件「真實」。

幸好，生物的否定自己終究是少數的例外，不是「常態」，我們還是可以從「部份」血緣關係看人的正常屬性，如籍貫、出生地等。

另一種探究人的屬性是後天的，看他參加何種團體，人大多按自己喜性選擇所要參與的團體，大陸時期國共兩陣營，如今日台灣的藍綠，參加共黨團體絕不會再參加國民黨團體；反之，亦然，但滲透是例外的，這種研究人的屬性（或政治立場），適用於古今中外，包含現在的台灣，當然也適用於三月詩會同仁。

以下便從這「先天」和「後天」兩個途徑，研究三月詩會同仁的屬性，（表一）是往昔曾是三月詩會同仁，如今已退出或往生者，這是粗看三月詩會的過去。林紹梅等十三位是大陸各省籍人，這表示他父母（通常是父親）有一或二者，是該省的人，人是無權選擇出生地和父母親的，所以說血緣關係是先天的，

（表一）三月詩會前會員（2010春前）屬性表

姓名	籍貫	中華民國新詩學會	中國文藝協會	備註
林紹梅	福建仙遊	是		
劉建化	山東黃縣	是	是	
林恭祖	福建仙遊	是	是	
汪洋萍	安徽岳西	是	是	
張朗	湖北孝感			
邱平	江蘇鎮江			
劉菲	湖南藍山	是	是	
藍雲	湖北監利	是	是	
王碧儀	廣東東莞	是	是	
莫野	安徽和縣	是	是	
米斗	山東煙台			1961.8.台生 原：臨朐
文曉村	河南偃師	是	是	
周煥武	湖北			
林齡	台灣台南	是	是	

附註：資料取自三月詩會歷年出版品、中華民國新詩學會及中國文藝協會通訊錄。

是命定的。只能接受，不能拒絕，硬要拒絕便是逆天而行，不容於天道的。

由於血緣延伸到文化關係，所以林紹梅等十三位，通常是認同中國、認同中國人並認同中華文化的。因而他們參加中華民國新詩學會和中國文藝協會，但這論述仍只是「理論」，並非是「定律」，不能說血緣和文化都是中國的，就一定認同自己是「中國人」。

歷史上仍有很多例外。滿清末年時，中國的民族主義消失（孫中山認爲是亡了），於是很多人不想當中國人，因爲中國人不如狗。那時，中國人「忘了我是誰？」

中國歷史很弔詭，在元初、清初及清末，都因「忘了我是誰？」而搞「去中國化」。而歷史上規模最大的「去中國化」，是毛澤東時期的「馬列化」和「文化大革命」，那些都是非中國的、去中國的，相較於今天台灣獨派的去中國化，獨派根本是「小鼻子小眼睛」，即不敢玩真的，更不敢玩大的，實在沒種，徒讓人討厭而已。

但現在即非清末，又非文化大革命。所以，表一含一個台灣人（林齡）在內，他們的屬性是「中國的」、「中華文化的」，在台灣住了幾十年，也是「台灣人」，均無可懷疑。

表二是目前（二〇一〇年春），三月詩會的十八位同仁，其屬性之道理與表一相同。打開天窗說亮話，兩個表中人物，不論過去的或現在的三月詩會同仁，稱其「中國人」

或「台灣人」並無太大差別，因爲他們不想在這上面「做文章」，只是做文章的人爲要寫文章，只好小事化大，拿出來研究一番。

但，至少清楚的了解，三月詩會同仁是多麼的「中國」，確實，我們堅定認同自己是中國人，是炎黃子孫，我們是中國人也是台灣人。

（表二）

三月詩會同仁屬性表（六〇年四月製）

姓名	籍貫	中華民國新詩學會	中國文藝協會	備註
徐世澤	江蘇東台	是	是	
金筑	貴州貴陽	是	是	
潘皓	安徽鳳陽	是	是	
許運超	廣西合浦			
關雲	湖南茶陵	是	是	一九四九台中出生
陳福成	四川成都	是	是	一九五二．六．台中出生
謝輝煌	江西安福	是	是	
童佑華	安徽巢縣		是	
晶晶	河南	是	是	
林靜助	台灣台北	是	是	
雪飛	四川重慶	是	是	
蔡信昌	台灣雲林		是	
麥穗	浙江餘姚	是	是	
王幻	山東蓬萊	是	是	
一信	湖北武漢	是	是	
傅予	福建林森	是	是	
文林	福建		是	
丁穎	安徽穎水		是	

資料來源：同表一。

第三章　窮追猛打本質面：論人品與詩品

詩壇上（世界各國、各民族），對「詩人」最重要的「特質」，有一「終極」論述，謂「詩人是所有各種人中，最真誠的一種人。」

言下之意，已爲詩人訂下「高規格」必要條件，不真誠不能爲詩人。事實上，我國自孔孟李杜以降，談修身亦始自「真誠、誠實」，尤其身爲「詩人」（我想一切藝術家、思想家應如是吧！），在「真」或「誠」上，要做到「純度」最高才行。

如何能達到純度最高的真誠？想必這是不能量化吧！也可能不易論述。因爲這是一種自我要求、修身、修行的境界。這種境界不能有一絲絲「不誠」，更不能虛僞造假，不能違反良知良能，不誠便是不實，也是不真。不真就是假的，假的大多是「動機不善」，當然也不美啦！

不能在真善美上自我要求，不能稱之「詩人」，偶爾寫一些詩取悅自己的長官，或用以取得烏紗帽的手段，更不是詩人，那是政客、投機者。若稱那種人為「詩人」，實在是侮辱了「詩人」二字。

是故，不能說會寫幾首詩的人，便可謂之「詩人」，或說他寫的詩佔有很大的「市場」，能賣的出好價錢，便說他是「大詩人」，真是千錯萬錯。趙高、秦檜或汪精衛的「詩藝、詩品」（不論人格、人品），當代余光中、洛夫、羅門……恐無人比那三位高明。換言之，趙、秦、汪三人，若活在當代中國任一地區，恐怕也是詩壇上的大問題。何也？這是本文的主題「人品與詩品」，能否被稱為詩人？詩品能否傳頌後世，端在人品而已。

但有一個奇怪的現象，台灣詩壇卻只論「詩品」，從來不論「人品」（尤其台獨思想氾濫後）。例如，路寒袖（本名王志誠）這個人，純論他的詩創作，頗有幾首值得一讀的詩，但他為取悅陳水扁、陳菊等掌權者，也為一頂烏紗帽（為高雄市文化局局長），配合搞「去中國化、去蔣化、去中華文化化」等，把蔣公銅像割爛，若他只取悅貪婪的獨派政權也就算了！

偏偏獨派的「地方割據政權」很快結束，統派政權上路，路寒袖又回頭「擁抱中國」，二〇一〇年四月初他又到了大陸，說是去談文學交流，說他的筆名來自中國詩人杜甫，

「天寒翠袖薄，日暮倚修竹」得來的。我在想，你搞「去中國化」，不就要使李白、杜甫成爲「外國人」嗎?怎麼現在又要來和「中國人」拉關係???

但李白說「天生我才必有用」（將進酒），像路寒袖這種投機者，一下靠左，一下靠右，做爲一個「政客」是很適合的。所以，路某若到大陸代表民進黨談兩岸交流、統一等事，我是贊賞的，但說到也能叫「詩人」，則侮辱了「詩人」這名詞及內涵。

若說他也能叫「詩人」，那麼歷史上的趙高、秦檜或汪精衛等，也因詩寫的好，我們便稱他們詩仙、詩神、詩人或大師等，而不管他們當了漢奸、搞禍害子孫的分離主義、A了多少人民的血汗錢!這樣行嗎?

相同的道理在藝術各領域都是通的，近一、兩年來，佛光山開山大師星雲的「一筆字」，「夯」行全世界，與無數有緣人結了「文字緣」，大師強調是用「心」在寫書法。大師說：「不要看我的字，要看我的心。」

總統府資政漢寶德問道說：「不看字，如何看心?」大師接著闡揚：「書法是人間藝術，不能光看書寫的技法；寫字人的情感、人際關係及偉大的人格是吸引人收藏的重點。」（人間福報，二〇一〇年二月八日，陳俊光，用心看星雲大師的一筆字。）

陳俊光在他的文章中，舉北宋書法家爲例，說明「人品重於藝品」，甚有說服力，再予簡述。後人對北宋書法家原推「蘇、黃、米、蔡」四位，蘇指蘇東坡，黃就是黃庭堅，米是米芾，蔡先是指蔡京，後由蔡襄取代。前三人歷史上無庸置疑，唯蔡京不久被「推翻」，由蔡襄取代了，原因是蔡京爲官貪婪腐敗，投機勢力，與貪官污吏集團掛鈎，後雖被貶嶺南，客死潭州（今湖南長沙），但他一生所爲，不外禍國殃民，勢力弄權。他的書法只流行於當官的時候，死後收藏家或一般百姓，多不願收藏，因爲覺得可恥。

反觀另一書法家蔡襄，同是爲官之人，但他爲官清廉正直，真誠的面對良知，也因諫言被罷黜，但並不計較個人榮辱，其高尚的道德情操，深受民間百姓敬重，終於也得到官方、歷史的肯定。

中國書法史論北宋名家，蔡京習「二王書法」較有新意，即在創新成就蔡京高於蔡襄。但因人品道德「不及格」，北宋書法四大家「蘇、黃、米、蔡」，當中的「蔡」，就從蔡京變成蔡襄了。

任何從事藝術領域的工作者，應牢記「人品大大重於藝品」的寶訓，創作才是珍貴的，受敬重的，不管時代如何變，相信這是不變的。

在我們三月詩會同仁中，也有這樣實例可供警惕。汪洸源（關雲）習畫，她的畫目前仍是「無價」階段。在「鳳梅人」報總第四十六期（二〇〇八年八月廿三日），刊出關雲一幅畫，劉焦智寫一短文，「關于字畫的議論：議在收到汪桃源女士幾十張習作之後」（掃描如下）：

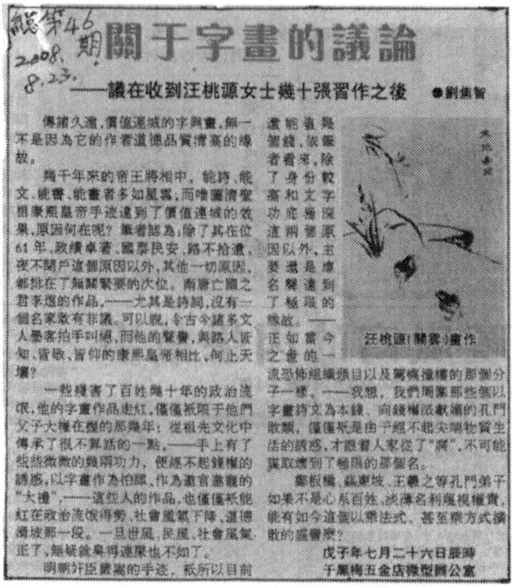

第46期
2008.8.23.

關于字畫的議論

——議在收到汪桃源女士幾十張習作之後　●劉焦智

傳諸久遠，價值連城的字與畫，無一不是因為它的作者道德品質清高的緣故。

幾千年來的帝王將相中，能詩、能文、能書、能畫者多如星[illegible]，而唯獨清聖祖康熙皇帝手迹達到了價值連城的效果，原因何在呢？筆者認為，除了其在位61年，政績卓著，國泰民安，路不拾遺，夜不閉戶這個原因以外，其他一切原因，都排在了無關緊要的次位。南唐亡國之君李煜的作品，——尤其是詩詞，沒有一個名家敢有非議。可以說，令古今諸多文人墨客拍手叫絕，而他的聲譽，與路人皆知、皆敬、皆仰的康熙皇帝相比，何止天壤？

一些殘害了百姓幾十年的政治流氓，他的字畫作品走紅，僅僅祇限于他們父子大權在握的那幾年；從祖先文化中傳承了很不算甚的一點，——手上有了些許微微的雕蟲功力，便經不起錢權的誘惑，以字畫作為拍[illegible]、作為邀官邀寵的"大禮"，——這些人的作品，也僅僅祇能紅在政治流氓得勢、社會風氣下降、道德滑坡那一段。一旦世風、民風、社會風氣正了，無疑就臭得連屎也不如了。

明朝奸臣嚴嵩的手迹，祇所以目前還能值幾個錢，依筆者看來，除了身份較高和文字功底尚深這兩個原因以外，主要還是[illegible]名聲達到了極限的緣故。——正如當今之[illegible]的一流恐怖組織頭目以及[illegible]撞樓的那個分子一樣。——我想，我們周圍那些個以字畫詩文為本錢，向錢權獻媚的孔門敗類，僅僅祇是由于經不起[illegible]物質生活的誘惑，才跟着人家往了"窩"，不可能謀取達到了極限的那個名。

鄭板橋、蘇東坡、王羲之等孔門弟子如果不是心系百姓、淡漠名利鄙視權貴，能有如今這個以[illegible]法式、甚至[illegible]方式擴散的盛譽麼？

戊子年七月二十六日[illegible]時
于萬梅五金店微型辦公室

汪桃源〈關雲〉畫作

劉焦智的短文一開頭，單刀直入就說：「傳諸久遠，價值連城的字與畫，無一不是因爲它的作者道德品質清高的緣故」。這真是「一針見血」，「開宗明義」啊！

還有中間那段話，「一些殘害了百姓幾十年……無疑就臭得連屎也不如了。」真是警世之言啊！最後的結尾「鄭板橋、蘇東坡、王羲之……」習藝之人，都要自我警惕。本文前面提到蔡京習「二王書法，二王便是王羲之和王獻之，蔡京本是有才華的人，可惜只學到二王的「藝品」，未得「人品」，實在可惜。

歷史上像這樣的實例，代代都有，本文所提到蔡京的畫、路寒袖的詩，其人都不過一介貪婪政客，脫離了藝術家的本來面目，更也失去做爲一個「人」的本來面目。他們的作品就算有些水平，也失其光彩，若要再稱他們爲「書法家、詩人」，歷史是不會承認的，頂多是人在世時尚存在「政治上的剩餘價值」，可以風光幾年吧！

本文標題「窮追猛打本質面：論人品與人品」，嚴厲批判自命爲詩人的政治投機份子，自當也用同一標準「研究」三月詩會同仁，若有雙重標準，我與那被批的投機份子不過「五十步和百步」之差，春秋之筆尚有何公信力？

古今中外能稱「作家、詩人」者，成千上萬，說不盡。我也要說明，我亦不以我的標準爲「天下唯一的標準」，世間多的是「灰色地帶」，何況「百花齊放」才是一種進步和美感，有「爭議」的作家也有傳世之作，如司旦達爾（法國，生於一七八三年，代表名作「紅與黑」和「巴爾修道院」。），他一生以追朋友的妻子爲樂事，這是違背倫理道德的事，他的作品之能傳世，不在寫作的高明，而在其「動機」，真誠的暴露政治和社會的黑暗面。

在我的論述中，我不斷強調作家的真誠，東西方的文學理論大多以此爲核心思維，法國大作家紀德（曾獲諾貝爾獎）言：「真誠及文學上和道德上的最高守則。」，在紀德心靈中，除了真誠，沒有偶像。」惟吾人應知，科學的真和文學的真是不同的，「黃河之水天上來」是文學的真，「黃河源自巴顏喀拉山」是科學的真。

是故，吾人不能說「黃河之水天上來」是詩人不真誠，乃至詩人虛僞造假；但若，地理考試或研究論文追問黃河源頭在那裡？你答「天上」，恐怕也只有拿個大蛋蛋了。這是文學的奇妙處，金庸武俠和倪匡科幻小說流行，讀者並不質疑情節的「假」，反而是作家「情緒、感情、思想」的真吸引許多粉絲，而有「金庸迷」、「倪匡迷」等等。反之，作品情節可以任意虛構，而作家的感情有半點虛假，讀者很容易「察覺」，你玩弄了讀者，你不夠真誠，遲早要受到批判，重則被丟棄在歷史的灰燼中。

我所認識的三月詩會的人，每月一聚，每聚都在讀著每個人的人品和詩品。大家一定發現，真誠是三月詩會的最大特質，我們的詩不論怎麼寫，都是真誠的頌歌生命，沒有虛情假意，亦不取悅何人！

小結本文，真誠是人品的核心價值，也是評量藝品（詩品、文品）的標準，是創作者的本來面目。

第四章 人品詩品之內「正邪眞假」

——三月詩會與自由時報

本文是三月詩會研究之「內」的延伸題目，所以列爲延伸閱讀範圍。但主題標出人品詩品之「內」，乃指萬事萬物存在過程中，還是有一個「終極內涵」，即追到萬事萬物，窮究宇宙間的一切，終究不外是「正邪真假」的問題。

例如時空中的交替，有黑暗、有光明；心性之中有邪、有惡；眼前的像亦有真（並非眼見爲真，這是很低層次的認識，可惜眾多人民都在眼見爲真低層次中，使邪惡勢力不斷製造「假相」，產出「真相」，讓人民看、看、看！），亦有假。

在我研究三月詩會過程中，發現詩人最真誠的品質就存在我所研究的這些詩人之中，他們一個個都是「真誠」的化身，那種「純度」的層級，可以「春秋大義」之名定位。（註：重述我在多處文章的論述：我品評任何詩人作家，乃至一切藝術工作者，向以春秋大義爲標準，至於詩壇上傳言某詩人自大，某詩人固執，某詩人目中無人，很難「搞定」等等，我定位在私德或性格範圍，那是個人的事，不予論述，我只依春秋大義內涵，評其正邪真假。）

是故，宇宙間最正面、最有價値者，便是合乎真善美的事物。二〇一〇年五月八日，「第三屆福報文學獎」在世貿一館舉行頒獎典禮，由佛光山寺住持心培和尚、評審許榮哲、人間福報社長頒獎。心培和尚在會中說：「真、善、美是人間福報致力追求的目標。」他又引星雲大師之言說：「好的文學作品能超越時空藩籬，引領人心邁入真善美的境界。」真的！那是一種真誠的境界，因爲真，所以也美善。由此一標準出發，三月詩人和李白、杜甫、蘇東坡……等歷代大詩人無差，和人間福報文學獎得主無差，和星雲大師、心培和尚無差，我們追求的都是真善美，我們內心所涵富者亦是真善美，所差者，或所不及者，只是我境界、才華不如李杜等人，而真善美之心無二。

但世間並非所有人都在追求真善美，也有追求「假惡醜」的，舉凡人類行爲中，刻意的作假、作弊，便是一種邪惡的心態，因而也會是一種惡，一種醜。世間真有這樣的人或團體嗎？確實有，就在台灣，便是大家所知的「自由時報」，這是台灣獨派的外圍組織（有人稱民進黨黨報）。這家報業集團每日每月以製造假新聞爲其立業目的，更直接的目的是用假新聞（或變造、扭曲的文學作品），醜化統派人馬，醜化中國人，醜化中華文化，謂台灣人不是中國人等等。中國人乃世間之劣種，中國文化乃世界文化之劣質文化，李白杜甫是外國人，孔子孫中山也是外國人等等。凡此，打開自由時報，看不到一點點「真誠」味！

自由時報最近的假新聞是所謂的「雙英辯論會」，所有報紙和民調都指馬英九較佳，唯自由時報製造假民調，企圖中傷馬英九，各家媒體都在質疑，自由時報仍我行我素：

中國时报 2010.四.廿八

藍委：自由時報偏執 混淆視聽

[illegible]／台北報導

《自由時報》日前公布雙英辯論後民調，但民調結論與各大媒體迥異，立委批評自由時報沒有自己民調中心，又沒有公布委託民調單位，公信力備受質疑。國民黨立委洪秀柱甚至認為，該報應該交代清楚，否則簡直就是「深綠自慰」的一份報紙。

自由時報少有民調，即使多年來在「關鍵時刻」出現民調，卻經常和各大媒體的民調結果南轅北轍，尤其因為沒有交代委託民調單位及樣本數等資料，也引發外界質疑。

國民黨立委吳育昇認為，一個行銷量的媒體，一定要有民調中心，否則產生的品質會不一，或差異太過明顯；這次雙英辯論後的民調，自由時報捨去「誰的表現較好」這個問題，顯然太過偏執。

他說，姑且不論民調有無作假，但題目設計上，最重要的「民眾感覺」不去問，卻直接問「要不要支持ECFA？」嚴格來說，這個結論是斷章取義。他懷疑，自由時報搞不好有設計「誰的表現較好」的題目，但因為結果不是報社立場，所以乾脆不公布。

吳育昇表示，從當天自由時報的民調角度、結論及評論，顯然早就都寫好了，若想要成為台灣有公信力的一流報紙，就應該自我突破，不然一定會侷限自我，變成無法自拔。

國民黨立委洪秀柱就說，自由時報早就成為民進黨的「黨報」，民進黨的發聲工具，辦報辦到這種地步，實在很悲哀，完全混淆視聽，毫無公信力，閱聽人的權益在哪？令人遺憾、痛心。她認為，自由時報沒有自己的民調中心，就應該交代清楚民調是如何來的，不然結果和大家差了十萬八千里，應該清楚告知民調委託哪裡、取樣等。他質疑自由時報的民調，根本就是根據民進黨的民調，簡直就是「深綠自慰」的一份報紙。

國民黨立委賴士葆表示，若真的沒有民調中心那也沒關係，但是一定要清楚交代研究方法、抽樣及母體比較重要。

自由時報歷來不斷製造假新聞，以醜化中國人，各界亦不斷質疑

看到前面那些剪報，是自由時報作弊作假的一點點證據，各界提出的質疑也一併展示，這是我這支春秋筆的公平。事實上，自由時報製造假新聞，散播謠言，讓人民以「假相」爲「真相」，早爲各界痛斥，但妖魔鬼怪橫行，也表示這塊土地上有許多人「妖魔化」了！

這怎麼可能？不是說「人民的眼睛是雪亮的嗎？」不是說「人性本善」、「人人有佛性」嗎？理論上是，但實際上很多人的本性被自己的固執（執著）所矇弊，其心亦被惡欲（權力、金錢、利益、大位等）所控制。這是許多眾生的不幸，也是他們的悲哀，本書所提的自由時報、基督長老教會、台灣教授協會等，大體上都是這種情形。

二〇一〇年的佛誕節（母親節），佛教界在總統府前有大活動，總統馬英九帶領宣誓，全民行三好（做好事、說好話、存好心）、四和（家庭和順、人我和敬、社會和諧、世界和平），打造溫馨和諧的社會。這樣的呼聲對我們這個社會（台灣）有多少效用呢？當然是有，但止於對一些善性較易啓發的人有用，對中毒很深的台獨是沒用的，原因很簡單，只要任意找一本自由時報、台灣教授協會或長老教會的宣傳品，他們把統派（凡具有中華文化意識者、讀李白杜甫中國詩人作品者、自認是中國人者、承認傳有炎黃血脈者等），一概稱爲「敵人」，敵人當然是要消滅的，可見得這些「毒草」多麼的邪惡！

這世界多麼弔詭，大家都說「佛法無邊、上帝萬能」，爲何不使那些黑暗、邪惡、作弊、造假的心統統消失。偏偏不會消失，而且與真善美共終始，好像他們的存在是多麼的「正常」。面對邪惡，自古以來詩人也只能不斷吟唱著「抽刀斷水水更流，舉杯消愁愁更愁。人生在世不稱意……」（李白）。只是三月詩會詩人比李白積極，也比李白勇敢，三月詩會詩人走上街頭，參加「反貪倒扁」運動。

或許唐代沒有「人民集會遊行法」，所以詩人面對汙濁的政治社會環境，只能吟詩解愁（也解不了，如抽刀斷水水更流，真是痛苦啊！），難怪「人生在世不稱意」。但，現在不同了，三月詩會詩人參加「反貪倒扁」，高舉「廉恥」大旗。從那時到現在（二〇一〇年五月），統派執政，啓動大三通，馬上要簽 ECFA，等於啓動「中國統一機關」，已不可逆了。

邪惡勢力看似囂張，其實只能「自慰」了。本來嘛！彈丸小島能把中國如何？小小一株毒草，如何撼動中華五千年之巨木？我爲甚麼對中國大歷史的核心思維「春秋大義」（或叫春秋正義），如此有信心？事實上所有對中國歷史有深刻了解到內涵、精神的人，都和我一樣有信心，名史學家黃仁宇所述中國「大歷史不會萎縮」，講的正是中國歷史的「春秋大義」。我用下面一幀「證據」再做說明，看「浩氣長流、紀念七七」巨幅畫作：

這是五十位大陸畫家，耗時五年的巨幅畫作，已在兩岸展出，首度將抗日戰爭的勝利歸功於國民黨和蔣介石。在別的畫作尚有「青天碧海」，內有台灣抗日志士名將羅福星、蔣渭水、丘逢甲等人。畫高二公尺，總長八百餘公尺，哇！是八〇〇多公尺耶！創下台灣畫史上最長畫卷紀錄，展場橫跨國父紀念館內外。

這幅畫說了甚麼？外行看熱鬧，內行看門道。他說明中共已承認抗日是國民黨和蔣介石的功勞，這有甚麼？本來沒甚麼！把小日本鬼子倭奴打敗，救中華民族於危亡者，本來就是國民黨和蔣介石，美國哈佛大學最近也已重訂蔣介石的歷史地位，評價超過毛澤東。本來的真相如此，何須中共承認？

眾所皆知，一九四九年中共取得大陸控制

浩氣長流 紀念七七

七七抗戰將屆七十三周年，兩岸首度合作，展出五十位大陸畫家、耗費五年時間完成的巨幅抗日畫作《浩氣長流》，跨越海峽來台首展，且首度將此戰爭的勝利歸功國民黨和蔣介石。還特別畫了一幅台灣抗日志士的圖像「青天碧海」，裡面有台灣抗日名將羅福星、蔣渭水、丘逢甲等人。畫高二公尺，總長八百餘公尺，創下台灣畫史上最長畫卷紀錄，展場橫跨國父紀念館內外。 圖／高智洋權，便開始醜化國民黨和蔣介石，其實老早開始，只是拿下政權就更方便了。他們進而向全民宣傳抗日戰爭是共產黨打的，這簡直神話，根本是欺騙人民，而人民也被洗腦了，以爲抗日真是共產黨打的。試問，八年抗戰中共死了幾個兵，死了幾個將軍，能舉出幾個名字否？而國民黨領導抗日，將軍死了幾百人，士官兵死了三百多萬人（至少），校尉級軍官不計其數，無數的國軍幹部家破人亡、妻離子散。而中共竟利用抗日，訂出「一分抗日、二分應付、七分發展」的計策，請問，誰是民族敗類？

但中共騙所有中國子民，能騙過二十世紀，絕騙不過廿一世紀，現在才不過廿一世紀第十年，真相已快大白，現在不過露出冰山一角，大戲還在後面。中國歷史上所有不合「中國化」的政權或統治者，全都支持不久就不得不回歸中國，以換取「生命」的延續，魏晉南北朝、五胡十六國、元初、清初，乃至老毛「文化大革命」都是，沒有例外。這是中國春秋大義的力量，孔子說「春秋成而亂臣賊子懼」，其理正是。

我從春秋大義角度看三月詩會，看每位詩人，他們都有無限的正義力量。我也從春秋大義標準看台灣獨派、看自由時報、看台教會、看長老會，都是亂臣賊子，他們有甚麼能耐？能比共產黨厲害嗎？

我並未完全否定共產黨，他們雖造反有罪，但對今日吾國崛起有功，把中國建設起來，讓中國完成統一、富強，使廿一世紀成爲中國人的世紀。

如此，春秋大義的力量，自會給他們很高的評價，春秋筆不會忘記共產黨！應該說不會忘記任何對象，合乎中國者褒揚之，使其春秋永在；背乎中國者，貶抑痛批之，使其盡早垮台送終。這是中國春秋大義的神奇，也真神準啊！

第五章　三月詩會詩人的反貪倒扁與反獨

——兼批兩個邪惡的獨派外圍：台教會和長老會

馬漢（Alfred Thayer Mahan, 1840-1914）有句名言：「一支筆勝過一個艦隊。」他的名著「海權論」，影響美國二十世紀的海權戰略，放眼廿一世紀大未來，亦然。

這是一支筆的力量，確實是，如李鴻章大筆一簽，台灣便成倭國之奴邦，厲害吧！但也未必是那支「筆」使然，筆是死的，沒有生命。因此，產生力量的是人之「心」，爲善爲惡之心皆大，但宇宙間的力量終究「邪不勝正」，一點點爲善、爲正之「念頭」，幾可產生無窮大的力量。先說一個故事。

佛典「出曜經」記載舍衛國有一善念乞兒和惡念乞兒的不同結局。某日，城中供齋法會即將開始，已有一乞兒來乞討飲食，因大眾尚未動用齋飯，這乞兒無所獲，乃心生惡念：「這些修行人道貌岸然，吝於施捨，沒有慈悲心，若我是國王，定用車輪輾破他們的頭。」忿然離去。

不久來另一乞兒，因法會祝願完成，大眾開始用齋飯。見乞兒生悲憫心，個個歡喜布施給乞兒，乞兒得到豐盛齋飯，感動的熱淚盈眶，他心中感念道：「若我是國王，定要好好供養三寶，亦不足以報答今日受施之恩。」

光陰靜靜的飛逝，這兩乞兒仍舊窮困，某日，不約而同行乞到鄰國邊界，累倒草叢中睡著了。

彼時正值鄰國國王駕崩不久，國王無子嗣，有國師指示，按史書預言：「此時當有貧賤百姓作此國之國王。」群臣即發動千乘遍尋新王。這日，大批人馬來到草原上，見草叢中霞光瑞氣直衝雲霄，國師告訴群臣說：前方必有仁德的賢者。大批人馬奔向前去，即是善念乞兒，群臣如獲至寶，堅決地迎回他當新王。

而草叢另一處惡念乞兒，意外地被大批車馬輾破頭身亡，宇宙萬物萬事，必緣起性空，善惡在一念間，因果便不同。

再舉一更貼切的故事，也是佛經上的。某日，佛陀與弟子行腳到一城鎮，很多人都來布施供養，有一貧無立錐之地的貧女，她也發心要布施一己之力以供養佛陀，可是她的財力只夠買一點點燈的油還不足，，油行老闆體恤降價，她才買到一滴滴油，她興高彩烈的點一盞燈，供養佛陀。

就在她點燈的當時，神奇的事發生了，貧女的一盞小燈大放光明，連三界之內都光輝燦爛了。佛陀的弟子迦葉不明就裡請問說：「一盞小燈怎可能照亮三界？」佛陀回答：「因為貧女的正信善念，雖小小一念之間，其影響力是可以無窮大的。」像這實例在各國社會很多，最近成為台灣之光的賣菜阿媽陳樹菊女士，正是我們身邊的典範人物。

我講了這些故事，無非也是要解釋三月詩會這群詩人的思想、觀念（詳看第一篇基本屬性），論人數所能產生的「有形力量」，他們是無足輕重，比不上自由時報，比不上台教會，比不上長老教會，更比不上陳阿扁家族的力量。這些黑暗貪婪的力量，足可吃掉三月詩會，連骨頭都不會吐出半塊的。

但論其無形的文化力量，雖然他們只是中華文化長河中的一個小水滴，千載華夏神木裡的一小片綠葉，是萬載炎黃血脈的一滴熱血在胸中流動著。三月詩會詩人的屬性正是「中國屬性」，本質是中華文化的，只有把根深植在中華文化土壤裡，才是源源不斷的創作活水。三月詩會詩人和那些「大師級」詩人說的「我是中國、中國是我」，我們也能自信而真誠這樣說：「我是台灣詩人也是中國詩人，我是中國，中國是我。」

本文談三月詩會詩人的「反貪倒扁」，當然也是反獨、反貪污作弊，我們的屬性使得我們有此使命。爲在本文比較正邪與善惡，我再把台灣社會中最邪惡三個團體提出一述，最後展示三月詩會詩人在「反貪倒扁」戰場上，我們揮出了何樣斬妖除魔的「兵器」。

台教會是「台灣教授協會」之簡稱，顯然是一群教授級組成的團體。他們常在許多交通要道散發宣傳品，若人的判斷力差些，很快被他們毒化而不自知。

長老會是「長老教會」或稱「台灣基督長老教會」之簡稱，二十世紀中葉後在中南美洲稱「解放教派」或「革命教派」。他們以推翻現政權重建「神國」爲宗旨，中南美洲半世紀動亂，無數人民死於戰亂，都和長老教會有關。長老教會傳到台灣，因其主張推翻現政權，階段性目標與台獨一致，故也成了台獨外圍組織。我們走在路上看到「長老教會」招牌，小心別以爲宗教團體，慈悲爲懷，可就千錯萬錯了。

「自由時報」我已在多處論述批判，不再贅言。以上這三個極邪惡的團體，基本上可看成台獨外圍，他們散發很多宣傳品，製造台灣社會內部矛盾對立。檢視他們的宣傳品，千偏一律不外是：

△與台灣人同文同種的是日本，不是中國。所以台灣和日本有共同利益，台日人民應一條心，共同對付中國。

△中國文化或中華文化是一種低質下流的文化，台灣人不能接受這樣的文化，台灣

文化才是最高尚的文化。

△因為中國是外國，所以孔子、孟子、李白、杜甫、孫中山……都是外國人，台灣人的孩子讀書，那些外人作品要全數去除。

△凡認同中國為祖國，凡認同中華文化的人，是全體台灣人的敵人，敵人便不可能是朋友，待敵之法是戰鬥。

△陳水扁沒有貪污，不論他的家族總共拿走多少錢，那些錢是為台獨而拿，為台灣人出頭天而拿，不是貪污，是統派和中國裡應外合的政治迫害。

稍有判斷力的人便洞見那邪惡論述的可怕，三月詩會詩人對這樣的邪惡黑暗怎能容忍？對這種背叛祖宗之魔道怎能容忍？對這種倭國皇奴的漢奸心態怎能容忍？於是他們拿起筆來，用詩彰顯出「貧女施燈」的效應。

看猴戲

王幻

憶昔小時候
在北京天橋
聽說書、看雜耍

最愛猴兒耍把戲

牠戴著瓜皮帽
穿著短褲短褂
人模人樣的出現眼前
翻跟斗、拉洋車
倒也逗趣俐落
演過一場
便托著竹籮兜著圈子
向觀眾討錢
這種古老的娛樂
歷久不衰

而今老來時

在電視節目
聽瞎掰、看猴戲
最拍案叫絕的是
台北看守所放風之際
也有一個人模人樣的
猴兒在眼前出現

牠穿著囚衣和
藍白色的拖鞋
在獄所廣場
一圈一圈的跑步
或屈膝、或折腰
還不時回眸對著鏡頭
揮手微笑！

於是，我晃然大悟：
猴戲有兩種
一是猴兒扮人的雜耍
一是人扮猴兒的戲碼
前者只能要小錢
後者《窮得只剩下錢》
小錢也好，大錢也罷
孔方兄：遺愛匪淺！

二〇〇九年一月十七日於晚吟樓

九十八年二月十九日 世界詩壇一五〇期

紅紅的花

謝輝煌

——追記 二〇〇六年十月反貪倒扁運動

十月
秋風瑟瑟的十月

柳橙紅紅的十月
紅紅的
是人民怒吼的血花
開遍了城裡和鄉下
一聲聲吶喊打倒貪贓玩法
一聲聲誓言剪開玉山的面紗
景福門前
介壽路上
一簇簇鮮紅的十月之花
正冷眼一個橫行的王朝
夕陽西下

九十九年五月十四日作

這世界是多麼的弔詭，光明與黑暗各擁一片天，貪腐和清廉也總是相接踵。詩人是極敏感的物種，對貪腐黑暗不可能沒有反應，他們也可能參與實際的革命行動或示威遊行等政治運動。例如二〇〇六年「反貪倒扁」運動，筆者曾與詩人雪飛、台客等人親上

「火線」，站在火車站前高臺朗讀反貪倒扁創作詩篇。

但詩人最會運用的「武器」，其實是手中的筆，運用手中一管「秀珍型兵器」，進行春秋記實。例如，杜甫面對安史之亂，他寫下「君不見，青海頭，古來白骨無人收。新鬼煩冤舊鬼哭，天陰雨濕聲啾啾。」（兵車行）。我無從統計三月詩會詩人面對台灣政局的黑暗面（扁政府的貪污腐敗A錢、台獨叛背國家民族惡行等），他們做了甚麼反應，但肯定參與遊行示威者不在少數，絕大多數也用手中的春秋筆，做了某種程度的記錄。曾有哲學家說過，詩人是了不起的戰士，王幻的「看猴戲」和謝輝煌的「紅紅的花」。

前者以較譏誚之法，從小時候看猴戲雜耍爲引子，連接到現代時空中的台北看守所，關著一隻「對不起台灣人民」（陳水扁在記者會自言）的猴兒，「牠穿著囚衣和／藍白色的拖鞋／在獄所廣場……」那場景，真是讓人又好笑又生氣，又有無盡的嘆息……明看是貪腐者的下場，本質是搞台獨的必然下場。然而，你問台教會，長老會或自由時報，他們說「阿扁無罪」，有罪無罪不是用嘴巴說的！

後者「紅紅的花」，追記「反貪倒扁」運動的實況，正義之聲排山倒海而起，橫行的台獨政權已然夕陽西沉，重演一場中國自秦漢以來，地方割據政權或分離主義者的鬧劇，也是一場猴戲。

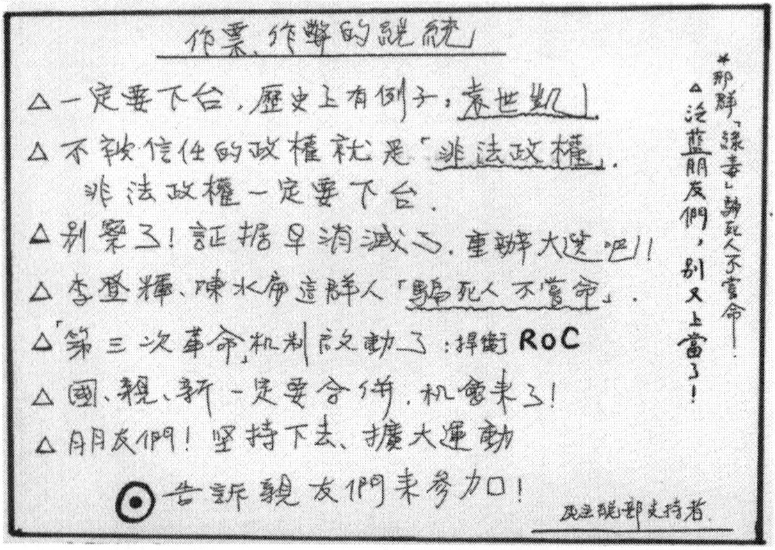

作票、作弊的總統」

△一定要下台，歷史上有例子：袁世凱」。
△不被信任的政權就是「非法政權」，
非法政權一定要下台。
△別緊了！証據早消滅了，重辦大選吧！
△李登輝、陳水扁這群人「騙死人不賞命」。
△「第三次革命」机制啟動了：捍衛 RoC
△國、親、新一定要合併，机會来了！
△朋友們！堅持下去、擴大運動
⊙告訴親友們来參加！

＊那群「綠毒」騙死人不賞命！
△泛藍朋友們，別又上當了！

民主聯盟支持者

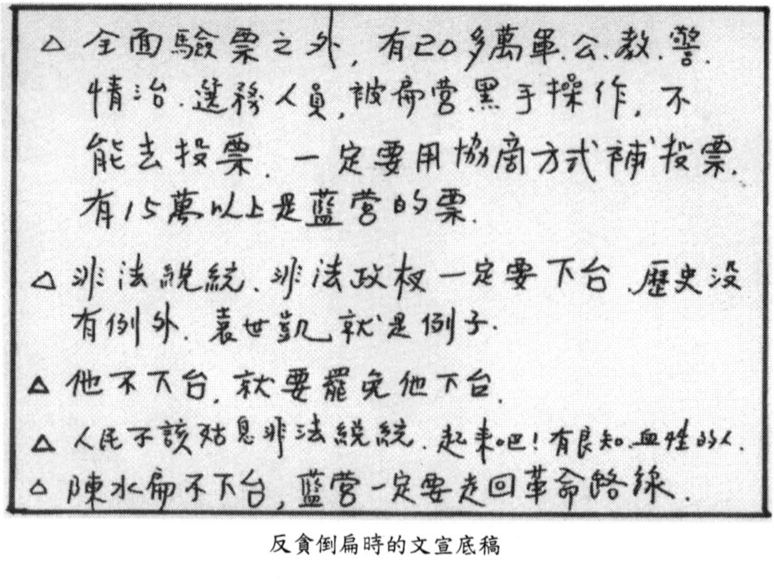

△全面驗票之外，有20多萬軍、公、教、警、情治、選務人員，被扁營黑手操作，不能去投票，一定要用協商方式補投票，有15萬以上是藍營的票。
△非法總統、非法政权一定要下台，歷史沒有例外，袁世凱就是例子。
△他不下台，就要罷免他下台。
△人民不該姑息非法總統，起来吧！有良知、血性的人。
△陳水扁不下台，藍營一定要走回革命路線。

反貪倒扁時的文宣底稿

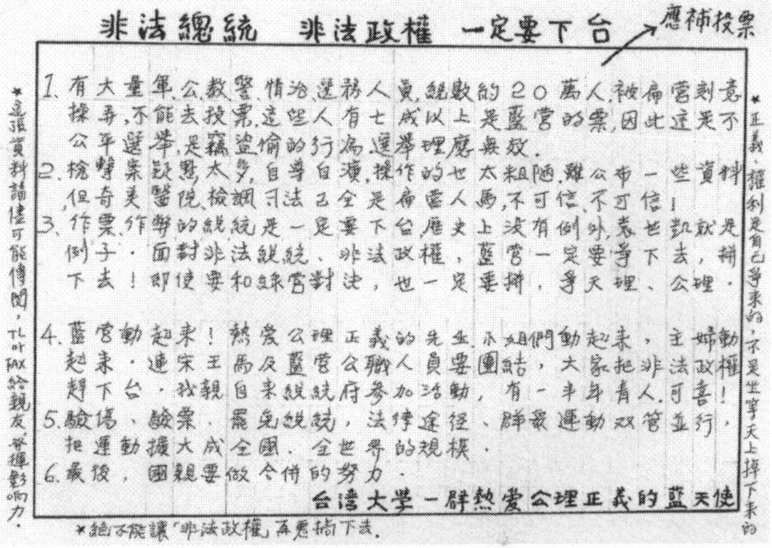

非法總統　非法政權　一定要下台　→應補投票

1. 有大量軍、公教警、情治、選務人員、總數約20萬人，被扁營刻意操弄，不能去投票，這些人有七成以上是藍營的票，因此這是不公平選舉，是竊盜偷的行為，選舉理應無效。
2. 槍擊案疑點太多，自導自演，操作的也太粗陋，雖公布一些資料，但奇美醫院、檢調司法已全是扁當人馬，不可信，不可信！
3. 作票、作弊的總統是一定要下台，歷史上沒有例外，袁世凱就是例子。面對非法總統、非法政權，藍營一定要爭下去，拼下去！即使要和綠營對決，也一定要拼，爭天理、公理。
4. 藍營動起來！熱愛公理正義的先生、小姐們動起來，主婦動起來。連宋王馬及藍營公職人員要團結，大家把非法政權趕下台。我親自來總統府參加活動，有一半是青年人，可喜！
5. 驗傷、驗票、罷免總統，法律途徑、群眾運動双管並行，把運動擴大成全國、全世界的規模。
6. 最後，國親要做合併的努力。

台灣大學一群熱愛公理正義的藍天使

*這張資料請儘可能傳閱，也可FAX給親友，發揮影響力。

*正義、權利是自己爭來的，不是坐等天上掉下來的

*絕不能讓「非法政權」再惡搞下去。

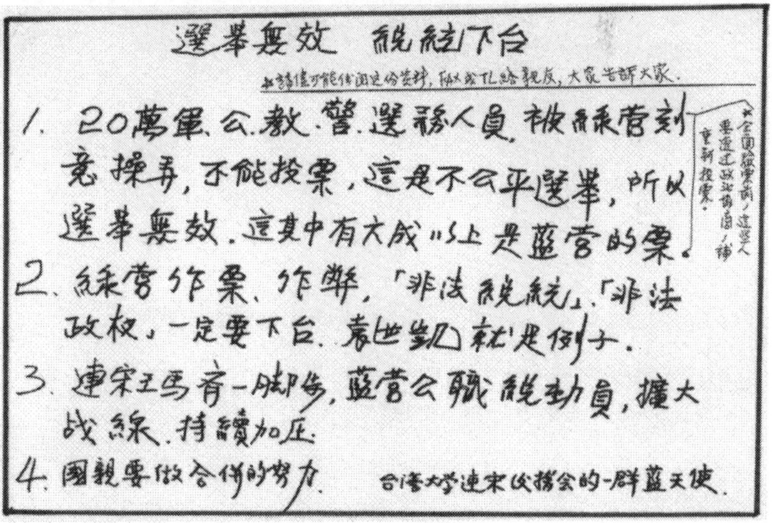

選舉無效　總統下台

*請儘可能傳閱這份資料，FAX或TL給親友，大家告訴大家。

1. 20萬軍、公、教、警、選務人員，被綠營刻意操弄，不能投票，這是不公平選舉，所以選舉無效。這其中有六成以上是藍營的票。
2. 綠營作票、作弊，「非法總統」、「非法政权」一定要下台。袁世凱就是例子。
3. 連宋王馬齊一腳步，藍營公職總動員，擴大战線，持續加压。
4. 國親要做合併的努力。

台灣大学連宋後援会的一群藍天使。

*全國投票前，這些人要還他政治自由，補重新投票。

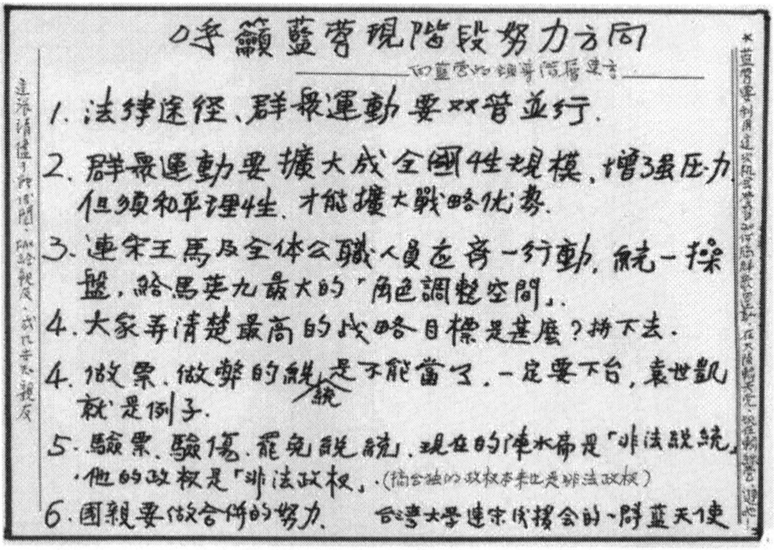

呼籲藍營現階段努力方向

向藍營的領導階層建言

1. 法律途徑、群衆運動要雙管並行.
2. 群衆運動要擴大成全國性規模，增強压力，但須和平理性，才能擴大戰略优勢.
3. 連宋王馬及全体公職人員应齊一行動，統一操盤，給馬英九最大的「角色調整空間」.
4. 大家弄清楚最高的戰略目標是甚麼？拚下去.
4. 做票、做弊的總統是不能當了，一定要下台，袁世凱就是例子.
5. 驗票、驗傷、罷免總統，現在的陳水扁是「非法總統」，他的政权是「非法政权」.
6. 國親要做合併的努力.

台灣大學連宋後援会的一群藍天使

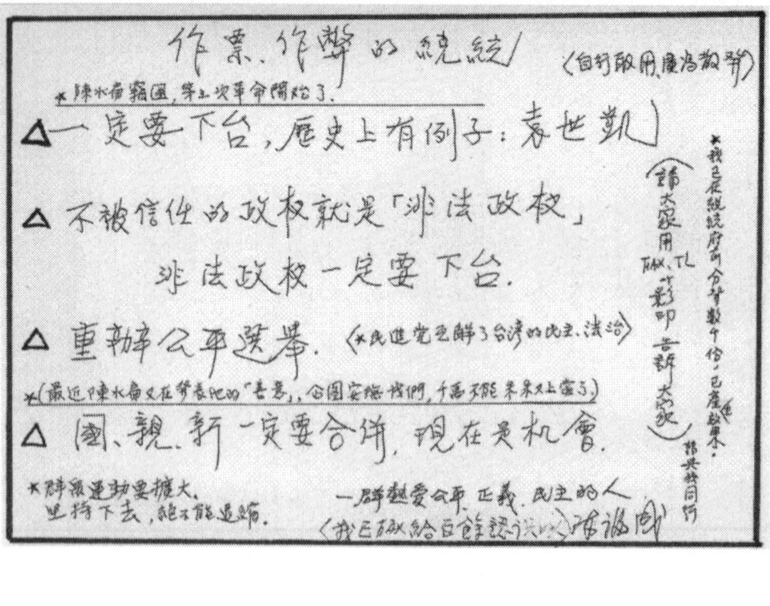

作票、作弊的總統

〈自行取用、廣為散發〉

＊陳水扁竊國，第二次革命開始了.

△一定要下台，歷史上有例子：袁世凱

△不被信任的政权就是「非法政权」

非法政权一定要下台.

△重辦公平選舉.（※民進党已毀了台灣的民主、法治）
※（最近陳水扁又在罵他的「古意」，全国家給書們，千萬不能未來大上當了）
△ 國、親、新一定要合併，現在是机會.

請大家用……影印，告訴大家

＊群衆運動要擴大，堅持下去，絕不能退縮.

一群熱愛公平、正義、民主的人
〈我已疏給白馨認以以陽福剛〉

我絕對相信（按我的了解和研究），三月詩會詩人稱他是「台灣詩人」或「中國詩人」，他們都能欣然接受。獨不能容忍孔子、孟子……李白、杜甫……等等，都成了「外國人」，所以他們要起來反，不然你說他們在反甚麼？

三月詩會詩人在反貪倒扁運動中，最積極的作爲，是實際參與運動。（註：盡管筆者當時尚未加入三月詩會，而三月詩會有那些參與實際遊行，我並未逐一訪談證實，因此我的論述是一種「應然」判斷，所產生的「實然」理解。）據聞，尚有親自製作文宣品散發者，並有照片留下（如序前照片），惟文宣品均已佚失，只剩筆者留存部份，印下若干如上，歷史不容成灰，「證據」應該保存下來。

在那關鍵時刻，我們做了正確的事，鐵證如山，春秋之筆，秉筆直書，三月詩會詩人個個都是「太史公」。

槍變

傅予

槍聲一響
不是響在起跑點上
而是響在終點線的前一碼上

也響在敵營的熄燈號上

槍聲一響
不是響在起跑點上
而是響在一個人的肚皮上
也響在另一個人的腳跟上

槍聲一響
百米的田徑賽，變成了
流血的拔河賽
在總統府前，在中正紀念堂上
人民在看一場歷史上槍變的越野賽

註：寫於二〇〇四年三一九槍變之後

人民的聲音

傅 予

老天爺，不要哭了
多少人的淚已埋在土裡
多少人的血要綻開一朵民主的聖誕紅

老天爺，不要哭了
豪雨，雷鳴
從天上演奏到人間
為了洗刷「凱達格蘭」道上的一個污濁

老天爺，不要哭了
在凱達格蘭道上——
有千千萬萬人同一顆心
有千千萬萬人同一個手式

有千千萬萬人同一個口號
有千千萬萬人民怒吼出
同一種聲音：
「阿扁下台，阿扁下台
下台！
　　下台，下台！！
　　　　下台，下台，下台——」

後記：二〇〇六年百萬紅衫軍圍城期間，葡萄園詩刊主編台客兄約筆者同往台北車站上台朗誦〈人民的聲音〉，此詩從垃圾桶檢回來，特在此留下一筆歷史上的一個見證。

訐譙選舉

許運超

「凍蒜凍蒜凍蒜」
「頭家頭家頭家」
電視機裡迸出來的火花
像鹽水蜂炮炸響熱鬧的空話
牛肉仍然躲在牛皮裡
只有那神來的兩顆子彈
讓全世界驚奇

這首詩寫於二〇〇四年四月三日，當時的社會時空環境是，陳水扁政權在三月二十日的總統大選中，以製造「兩顆子彈」的「奧步」手法，僥倖贏得選舉。那些日子裡，電視機畫面整天一直傳來，一大群「綠頭蒼蠅」歡天喜地、敲鑼打鼓攜手謝票的場面，看得令人反感甚至作嘔。運超兄自然也是其中之一，於是他就拿起詩筆，創作出了這首詩。

這首詩僅短短七行，前兩行僅是忠實節錄了電視機裡傳來的畫面，第四行第五行提出自己的看法與批評「像鹽水蜂炮炸響熱鬧的空話」、「牛肉仍然躲在牛皮裡」，真是一語中的的比喻，最後兩句更點出整場選舉的荒謬本質，然後軋然而止。整首詩僅七行五十九個字，勝過千言萬語，這就是詩迷人的地方。

值得一提的是，這首詩的題目「訐譙選舉」中的「訐譙」二字用得極為恰當，可說是神來之筆，讓全詩生色不少。「訐譙」二字原是台語的鄙俗罵人之詞，一般不易也不宜入詩，但這首詩卻用得極為恰當，可見運超兄運筆的功力，已達一定水平。

(引台客評論：葡萄園186期，2010年夏季號。)

根

金筑

地底埋藏脫序的嚮往
吮吸地心的精髓
要在藍天白雲下
催化另一種訴求
不是夢　竟果然
春去冬來的遞遷
死死咬住泥土　又無法擺脫昨天
醞釀另類理念　打造模糊的明天
發酵成酸澀辛辣的混變
終於撐起綠色的傘蓋
好像已出頭天
狂喜　自大　蠻橫　欺騙

儼然
孫行者君臨天下

蕭條的氣候
有空浪浪的幻思
傳統　名稱　軌跡都要去勢
恨不得拔自己的根
果如是
半撩半透明的空巢迎刃而傾
銹得痴
荒一灘白花花的失奔夢

後記：阿扁當政，力求去中國文、傳統、名稱，恨不得拔自己的根，塑造另類夢想。

自不量力

金筑

感嘆　緬懷　歌頌　榮耀
堆砌　疊高的
大中至正
巍峨一尊藝術的晴空
是台北市中心的一掌風景
才二十餘載
青春正茂　就古意盎然
風貌未凋而拔萃蒼勁

蠱惑者的迷思
以否定的辯證
更名曰「自由廣場」
角力無勁　拉扯另一形式的意圖

我看見
枝葉繁茂的榕樹下
一隻蜉蝣撼動後跌落
我聽見
幾隻秋蟲
在一隅啾啾悲鳴

後記：阿扁欲廢中正紀念堂。

第二篇　三月詩會跫音足跡研究

三月交響
張朗
藍雲 主編
三月情
2010/05/02

第六章　三月詩會各時期成員變遷概述

「三月詩會」成立於一九九三年三月十三日，地點在中央圖書館（已改國家圖書館）。至於成立之初有幾人，似有一點點不確定，由張朗、藍雲主編的「三月交響」（台北：文史哲出版社，民八十五年三月）一書，張朗執筆的序「詩道不孤」，說最初是十二人。

劉菲在「三月詩會」緣起一文，這是民國八十二年三月「三月詩會」第一次詩會後，自印的一本小冊「三月情懷」，說只有十人（未提到田湜）。

麥穗在「三月十年」，由王幻、謝輝煌主編（二〇〇三年三月），細說「三月」十年一文中說是十一人，且有正確名單。「三月風華」一書上有十一人照片。另在二〇一〇年三月六日聚會中，麥穗的書面資料也是十一人，亦有名單，且兩次名單相同，我居於研究的慎重祥實，採麥穗和謝輝煌的資料，以十一人為正確說法。

此後，三月詩會各階段參與的詩人，進進出出，變化甚大。惟按出版紀念集，大概可分創會（一九九三）、三月情懷（一九九四）、三月交響（一九九六）、三月風華（一九九八）、千禧三月（二〇〇〇）、三月十年（二〇〇三）、彩霞滿天（二〇〇七）及現階段（二〇一〇）等，共八個階段，由三月詩會所出版的紀念集和每月簽到簿比對，整理出以下的變遷表（如後）。

惟該表所能顯示的，只是那個階段的當時（出版紀念集時）成員，不能顯示以外時間的成員有那些人。例如，三月風華階段，乃依據「三月風華」一書出版時間、一九九八年五月當時的同仁名單，之前的四月、三月……乃至一九九七年各月，均無法顯示同仁有多少人！下文「歷年三月詩人同仁統計表」可以看的更清楚。

在出版「三月情懷」時（一九九四年），文曉村老師在「且看橙黃橘綠時」代序，對我國歷代詩人生齡做一統計，三月詩會同仁平均年齡約六十五歲，如今又過十餘年，當年創會者只剩晶晶、王幻、謝輝煌、麥穗四人，算是三月詩會「四大元老」了。

在「三月交響」階段（一九九六年），有會員十九人，但出版「三月交響」時只有一八人提出作品，文曉村老師因身體不適未參與。另有一位叫「米斗」的榮譽會員，是三月詩會有史以來唯一的例外，他本名竇學魁，一九三四年四月十一日生，任天津日報記者，不能參與雅聚，故為榮譽會員。可惜「千禧三月」後，未見其大名，原因不明。

三月詩會詩人各時期成員變遷表

階段	成員	說明	備考（資料來源）
創會（一九九三）	林紹梅、田泉、王幻、文曉村、藍雲、張朗、劉菲、謝輝煌、晶晶、邱平、麥穗，共十一人。	一九九三年三月十三日創會。	據一〇〇年三月六日、第一次詩會程序表、麥穗記錄手稿[illegible]。
三月情懷（一九九四）	林紹梅、王幻、劉建化、文曉村、涂靜怡、金筑、張朗、麥穗、邱平、謝輝煌、晶晶、劉菲、一信、藍雲，共十四人。		據晶晶、麥穗主編「三月情懷」，文史哲出版社，民八十三年八月。
三月交響（一九九六）	林紹梅、王幻、劉建化、林恭祖、涂靜怡、金筑、張朗、麥穗、邱平、謝輝煌、晶晶、劉菲、一信、藍雲、王碧仙、關雲、狼跋，未計文曉村，共十七人。	未計文曉村[illegible]。	據張朗、藍雲主編「三月交響」，文史哲出版社，民八十五年三月。
三月風華（一九九八）	林紹梅、王幻、文曉村、涂靜怡、林恭祖、晶晶、張朗、金筑、一信、藍雲、謝輝煌、劉菲、王碧仙、關雲、狼跋、徐世澤、潘皓、麥穗、丁潁、[illegible]，共[illegible]人。	「三月風華」只有十九人撰作品。	據劉菲、涂靜怡主編「三月風華」，文史哲出版社，民八十七年五月。
十樣三月（二〇〇〇年）	林恭祖、涂靜怡、金筑、狼跋、徐世澤、潘皓、張朗、麥穗、晶晶、劉菲、王碧仙、張清香、文林、關雲、一信、傅予、王幻、藍雲、謝輝煌、劉建化、文曉村、周伯乃、許運超、林錫嘉，共[illegible]人。	「十樣三月」有十四人撰寫作品。	以會訊、[illegible]為主。「十樣三月」，潘皓主編，文史哲出版社，二〇〇〇年六月。[illegible]。
三月十七年（二〇〇三）	王幻、文林、文曉村、涂靜怡、周伯乃、晶晶、徐世澤、許運超、潘皓、麥穗、張朗、張清香、謝輝煌、關雲、邱平、藍雲、金筑、一信、劉建化、王碧仙、陳福成、林靜助、傅予，共廿三人。	有十四人在「三月十七年」撰寫作品。	據王幻、謝輝煌主編「三月十七年」，文史哲出版社，二〇〇三年三月。
彩霞滿天（二〇〇七）	雪飛、麥穗、謝輝煌、許運超、蔡信昌、傅予、金筑、潘皓、童佑華、關雲、晶晶、文曉村、一信、王幻、文林、徐世澤，共十六人。	狼跋、林恭祖、林靜助未撰作品，[illegible]。	據許運超、一信主編「彩霞滿天」，文史哲出版社，二〇〇七年九月。
現階段（二〇一〇）	徐世澤、金筑、潘皓、許運超、關雲、陳福成、謝輝煌、童佑華、晶晶、林靜助、雪飛、蔡信昌、麥穗、王幻、一信、傅予、文林、丁潁，共十八人。		據一〇〇年元月三日麥穗提供手稿說明。

「三月風華」階段有二十人，「千禧三月」有二十四人，「三月十年」有二十三人。到現階段（二〇一〇年五月），只有十八人，似乎到了要增加新血的時候了。

經過前面的「考證」，三月詩會各時期有那些人？其實仍有「灰色地帶」。此種情形有如史學研究，甚至一種考古工作，挖出的原始東西（文件、照片、一枚化石等），要如何正確判讀？有證據由「證據說話」，若無證據，須再求證（如訪問當事人等）。也許當時的人有些不在人間，在者可能年代久遠，所論述亦有落差，此時須由研究者依科學方法、精神去做推論。

例如，有一簽名錄附於三月詩會小集第一集「三月情懷」，民八十二年（一九九三年）三月印（麥穗提供），這是一本自印（未正式出版）的小冊子。如何解釋這份簽名單？它是三月詩會的「第一次會議」簽到，有金筑的名字。

但三月詩會在一九九三年三月十三日的首次聚會，並無金筑參加，所以進一步考察小冊子印

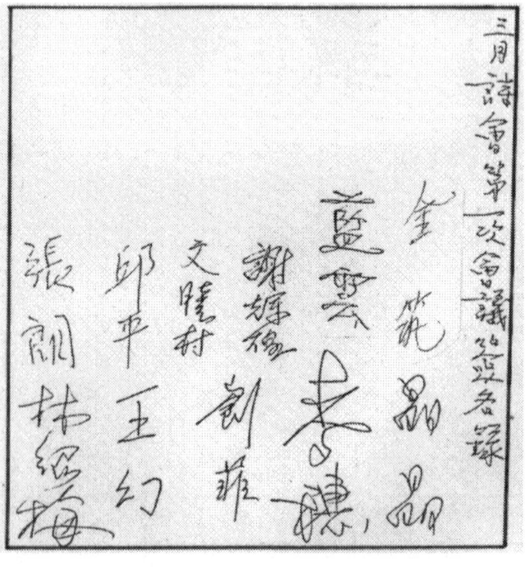

行時間和詩人作品寫於何時？

林紹梅「三月的思念」，民八十二年三月二十四日。

王幻「池邊樹」，民八十二年三月二十日。

文曉村「清明九行」，民八十二年清明節前夕。

邱平「季節的富豪」，民八十二年三月十二日。

麥穗「三月的林間」，民八十二年三月三十一日。

謝輝煌「飄雪的三月」，民八十二年四月五日。

張朗「三月」，民八十二年三月十八日。

劉菲「帷幄」，民八十二年四月三日。

金筑「遲來的三月」，民八十二年三月三十一日。

晶晶「詩緣」，未標示時間。

這小冊後另有讀後感，王幻、藍雲、晶晶、邱平、麥穗、金筑、謝輝煌，七人有七個小短篇。檢驗前面這些時間，可推論這張「三月詩會第一次會議簽名錄」，並非一九九三年三月十三日聚會的簽到，而是四月「第二次聚會」的簽到。

早年讀研究所時，爲寫好一本碩士論文，教授提醒所有研究生常說，想把論文寫好只有發揮一種精神，「上窮碧落下黃泉、得來全要下工夫」。如今爲研究三月詩會，雖未到達「上窮碧落下黃泉」的境界，卻也是窮追猛打了。爲解開「三月詩會第一次會議」有那些人的真相，我多次向麥穗大哥請益，果然這位痖弦稱爲「新詩歷史館館長」的麥穗兄，箱底仍藏有寶物（如次）：

前後兩張簽名錄，看似相同，仔細比對卻大大不同，第一個有異是簽名人簽的位置不同，其次這張沒有金筑先生參加，卻有田湜。

一次會議爲何有兩個簽名錄，我向麥穗查證，他說後者才是正確的。

在三月詩會創會之初的第一年，每月都有自印的小冊集，亦可了解當時有那些會員。

在第二集「茶情詩意」（民八十二年五月印），有王幻、晶晶、林紹梅、藍雲、王祿松、麥穗、一信、邱平、張朗、金筑、文曉村、謝輝煌、劉菲，計有十三人。

在第五集「端陽詩懷」（民八十二年六月印），有藍雲、邱平、一信、文曉村、張朗、金筑、林紹梅、謝

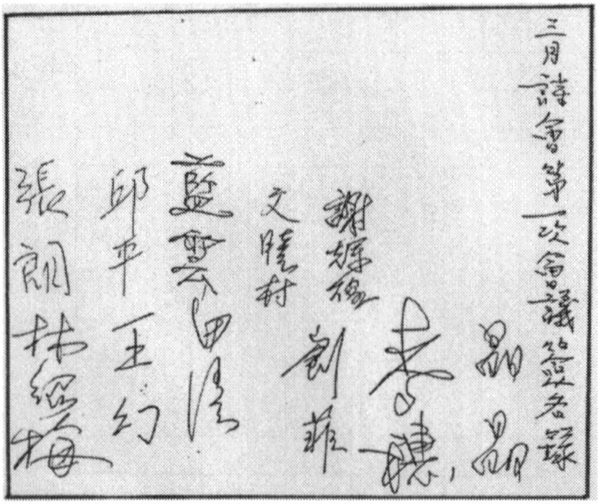

輝煌、晶晶、王幻、麥穗、劉菲，計十二人。

但三月詩會這十多年來，似也曾有險些「打烊」情形，經麥穗做意願調查（如後）、推動，運作又開始正常，並規定二十人爲本會最高名額。

本文只想疏理三月詩會各時期，大概有那些詩人參與。當然，因資料欠缺，仍有不清楚及可能的錯誤，仍有待有心人進一步做更詳細的考證工作，當可「重建三月詩會現場」，不亦快哉！

一元復始，萬象更新又是一年的開始，謹奉上深深的祝福。

九十一年元月份詩會召集人，依輪值表排列是林恭祖同仁當值，十二月雅聚時林兄缺席，公決由下一位遞補。二月份當值召集人為王幻同仁，是日幻翁餐聚後因事先退，故再往後推，由原三月份當值之區區提前為諸位同仁服務。

二○○二年開始歲次進入壬午馬年，故本月詩題選了「馬」，請在「馬」的範圍內提供您的大作，無論是「天馬行空」、「馬到成功」、「馬齒徒增」甚至「拍馬吹牛」、「馬馬虎虎」等，都可發揮。詩成請影印二十份，供同仁欣賞。

十二月份雅聚時，與會者發覺部份同仁已很久沒有來參加，因此大家研議結果，決定於新年度開始時作一意願調查，作為今後運作之參考，並重申今後如無故三次不假缺席者，視同自動退會，不再通知出席。同時決定了以二十位同仁為本會最高名額。

附意願調查表乙份，元月份因故未克與會者，請於十二月底前請函寄給召集人麥穗。如出席元月份雅聚者請元月五日攜帶或在會場表達尊意。

元月份雅聚依例於元月五日中午在國軍英雄館二樓小吃部餐聚，下午二時移駕衡陽路「秀苑」茶聚品詩，敬請撥冗參加，謝謝！

三月詩會
二○○二年元月份召集人
麥穗敬邀

第七章　三月詩會各月詩人參與雅聚實況統計

三月詩會自民國八十二年（一九九三）三月十三日，在林紹梅積極推動下創會，是日到會除林紹梅還有：王幻、田湜、文曉村、藍雲、邱平、麥穗、晶晶、謝輝煌、張朗、劉菲，十一人爲正確之創會元老。

但我要進一步研究每月有多少與會簽到，第一本簽到簿卻已佚失（據說是劉菲帶去天國，這當然是詩語言。）幸好其餘簽到簿尚在，第二本簽到簿從一九九九年九月開始，本年最後四個月統計如下：

三月詩會聚會方式有時爲二處，如先在國軍英雄館會餐，再到衡陽路秀苑論詩，兩地人數不同，以最多數爲準。自公元二千年起，每三年爲一統計表如後。

三月詩會一九九九年九月至十二月與會簽到詩人統計

時間	點召	地点	簽到與會（全部）	人數
1999.9.4	閔雲		閔雲、劉菲、張朗、張清香、文林、王幻、晶晶、藍雲、徐世澤、王碧儀、金筑、潘皓、董劍秋、謝輝煌、一信、大荒、麥穗、汪洋萍、林恭祖．	19
1999.10.2	金筑	國軍英雄館	王碧儀、閔雲、文林、董劍秋、賀志堅、藍雲、張清香、徐世澤、麥穗、謝輝煌、劉菲、一信、晶晶、汪洋萍、金筑、張朗．	16
1999.11.6	王碧儀	同	王碧儀、閔雲、文林、董劍秋、賀志堅、大荒、藍雲、潘皓、徐世澤、劉菲、張清香、謝輝煌、張朗、麥穗、林恭祖、一信、晶晶、汪洋萍、金筑．	19
1999.12.11	潘皓	同	麥穗、王幻、張朗、徐世澤、劉菲、謝輝煌、汪洋萍、一信、潘皓、張清香、藍雲、文林、董劍秋、晶晶、閔雲．	15

第一表：自二〇〇〇年到二〇〇二年

三月詩會詩人歷年參加統計

○：人到參與　◎：當月召集人

陳福成製表（2010年五月）

年／月	1 麥穗	2 王碧儀	3 關雲	4 晶晶	5 董劍秋	6 林恭祖	7 張朗	8 一信	9 潘皓	10 傅予	11 張清香	12 徐世澤	13 王幻	14 文林	15 藍雲	16 謝輝煌	17 汪洋萍	18 賀志堅	19 劉菲	20 文曉村	21 金筑	22 周婉武	23 許運超	24 林齡	25 周習男	26 楊淑芬	總人數
2000年（民89年）1	○	○	○	○	○	○	○	○	○	○	○	○	○	○	○	○	◎										17
2	○	○	○	○	○	○	○	○	○	○	○	○	○	○	○	◎	○	○	○	○							20
3	○			○		◎	○		○	○	○	○		○	○	○	○	○	○		○						15
4	○		○	○	○	○	○	○	○	○	○	○	◎	○	○	○	○	○	○								18
5	◎	○	○	○		○	○	○	○	○		○	○	○	○	○	○	○	○		○	○	○				20
6	○		○	○			○	○	○	○	○	○		○	◎	○	○	○	○	○	○	○	○	○			20
7			○	○	○	○	○	○			○	○	○		○	○		○	○	○		○	○	◎	○		18
8	○	○	○	○	○		○	◎	○		○	○	○	○	○	○	○	○	○	○		○	○		○		21
9	○						◎	○	○	○	○	○	○	○		○	○	○	○			○			○		15
10	○	○	○	○			○	○	○	○	○	○	○	○		○	◎					○					15
11	○	○		○			○		○	○		○	○	○	○		○	○	○								13
12	○	○		○		○	○		○	○			○	○	○	○	○	○	○	○	○	○					17
2001年（民90年）1	○	○	○	○			○	○		○	○	○		○	○	○	○	○	○	○	○	○	○			○	20
2	○	○	○	○	○	○	○	○	○	◎	○	○	○	○	○	○	○		○	○	○	○	○				22
3	○		○	○	○		○	○	○	○	○	○	○	○	○	○	○			○	○	○	○				19
4	○		○	○				○		○	○	○	○	○	○	○	○	○	○		○	○	◎				17
5	○			○	○		○		○	○	○	○	○	○		○	○		◎		○	○					15
6		○	○	○			○	○	○		○	◎			○	○	○				○	○					13
7	○		○	○	○	○	○	○	○	○		○	○	○	○	○	○				○	○	○				18
8																											
9	○	○	○	○			○		○			○		○		○	○				○	○				○	13
10	○	○	○	○			○		○		○	○	○	○		◎	○				○	○					14
11	○	○	○	○	○	○	○	○			○	○	○	○		○	◎				○	○		○		○	18
12	○		○	○	○		○	○	○	○		○	○	○		○	○					○					14
2002年（民91年）1	◎	○	○	○	○	○	○	○	○	○	○	○	○	○	○	○	○			○		○	○	○			21
2	○		○		○	◎	○		○		○	○	○	○	○	○	○			○		○	○				16
3	○		○	○	○		○	○	○	○	○	○	◎	○	○	○	○			○	○	○	○				19
4	○	○	○	○	○		○	○				○	○	○	○	○	○				○	○	○	○			17
5	○		○	○	○		○	○	○		○	○	○	○	○	○	○					○		○			16
6	○	○	○	○	○		○	○	○	○	○		○	○		○				○	○	○	○	○			18
7	○	○	○	○	○		○		○	○	○	○	○	○	○		○				○	○					16
8	○	○	○	○	○		○	○	○	○		○	○	○		○	○			○	○	○	○				18
9	○	○	○	○		○	○	○	○	○		○	○	○		○	○				○	○					16
10	○		○	○			○	○	○	○		○	○	○		○	○			◎	○	○		○			16
11	○	○	○	○	○		○	○	○			○	○	◎	○	○	○			○	○	○	○				18
12			○	○			○	○	○	◎		○		○	○	○	○			○		○	○				14
總次數	32	20	30	33	20	13	34	27	30	25	23	33	29	33	24	33	33	12	14	16	27	30	17	8	3	3	

製表說明：依據三月詩會每月發刊詩箋（二〇〇〇～二〇〇二年）製作，為原始文件之統計結果，表中「問題」於內文說說解釋。

第二表：自二○○三年到二○○五年

三月詩會「詩人」歷年參加統計

陳福成製表（二○一○年五月）

○：人到參與 ◎：當月輪值

年	月	1 麥穗	2 王碧儀	3 關雲	4 晶晶	5 董劍秋	6 林恭祖	7 張朗	8 一信	9 潘皓	10 傅予	11 蔡宗翰	12 徐世澤	13 王幻	14 文林	15 藍雲	16 謝輝煌	17 汪洋萍	18 文曉村	19 金筑	20 周煥武	21 許運超	22 林齡	23 方心豫	總人數
二○○三年（民92年）	1	○	○	○				○	○	○	○		○	○	○		○	○	○	○	○	○	○		17
	2	○	○		○	○		○	○	○	○			○	○	○	○	○	○	○	○	○			17
	3	○	○	○	○			○	○	○			○		○	○	○	○	○	○	○	○			16
	4	○	○		○	○		○	○	○	○		○	○			○	○	○	○	○	○		○	17
	5																								
	6	○	○	○	○		○	○	○	◎	○		○	○			○	○	○	○	○	○		○	18
	7	○	○	◎	○	○		○		○	○		○	○			○	○		○	○	○			15
	8	○	○	○	○		○	○		○			○	○	○		○	○	○	○	○		○		16
	9	○		○	○			○		○				○	○		○	○	○	○	○				12
	10	○		○	○		◎	○		○	○		○	○	○		○	○	○	○	○				15
	11	○		○	○			○	○	○	○		○	◎	○		○		○		○	○			14
	12	◎		○	○			○		○	○		○	○	○		○	○		○	○	○			14
二○○四年（民93年）	1	○		○	○			○	◎	○	○		○	○	○		○	○		○	○	○			15
	2	○		○	○			○	○	○	○		○	○	○		○	○		○	○	○			15
	3	○	○	○	○			○	○	○	○		○	○	◎		○		○		○			○	15
	4	○									○														2
	5	○									○														2
	6	○		○							○														3
	7	○		○							○														3
	8	○	◎	○	○			○		○	○			○	○		○	○	○	○	○				14
	9				○								◎		○				○	○	○				6
	10	○		○	○			○	○	○	○		○				○	○	○	○	○				13
	11		○	○	○			○	○	○	○	○	○				○	○	○	○	○	○			15
	12	○	○	○	○			○		○	○	○	○	○			○	○	○	○	○	○			16
二○○五年（民94年）	1	○	○	◎	○			○	○	○	○	○	○	○			○	○	○	○	○	○			17
	2	○	○	○	○			○	○	○	○	○					○	◎	○	○	○	○			15
	3	○		○				○	○	○	○		○	○	○		◎	○							11
	4	○	○		○			○	○	○				◎	○		○	○	○	○	○	○			14
	5	◎		○	○			○	○	○	○	○	○	○			○	○	○	○	○				15
	6	○		○				○	◎	○	○	○		○			○	○	○	○					12
	7	○		○				◎	○	○		○	○	○			○	○		○	○				12
	8	○			○				○				○				○	○	◎	○	○				9
	9	○			◎				○	○			○	○			○	○	○	○	○				11
	10	○		○	○					○	○		○	○			○	○			○				10
	11	○		○	○				○	○	○		○				○	○		○		○			11
	12	○		○	○				○	○	○		○	○			○	○	○	○	○	○			14
總次數		33	14	27	27	3	3	25	22	29	27	7	25	24	15	2	30	28	23	27	28	17	2	3	

製表說明：依據三月詩會每月簽到簿（二○○三—二○○五年）製作，為原始文件之統計結果，表中「問題」於（本）文說明解釋。

第三表：自二〇〇六年到二〇〇八年

「三月詩會」詩人歷年參加統計

陳福成製表(二〇一〇年五月)　○：人到參與　◎：當月輪值

年	月	1 麥穗	2 閔雲	3 晶晶	4 童佑華	5 一信	6 潘皓	7 傅予	8 徐世澤	9 王幻	10 文林	11 謝輝煌	12 汪洋萍	13 文曉村	14 金筑	15 周煥武	16 許運超	17 林恭祖	18 蔡信昌	19 雪飛	20 林靜助	21 陳福成	總人數
二〇〇六年(民95年)	1																						
	2		○	○		○	○	○	○	○		○	○		○	○	○						12
	3	○	○	○			◎	○	○				○	○	○	○							10
	4	○	◎	○			○	○	○	○		○	○	○	○	○	○	○					14
	5	○	○	○		○		○	○	○		○	◎	○	○	○	○						13
	6	○	○	○		○	○	○	○	○	○	◎		○	○	○	○						14
	7	○	○	○		○		○			○	○	○	○	○	○							11
	8	○	○	○		○		○	○	◎		○	○	○	○	○							12
	9	○	○	○		◎		○	○	○		○	○	○	○	○	○						13
	10	○	○			○	○	◎	○	○		○	○	○	○	○	○						13
	11	○	○	○		○		○	○	○		○	○	○		○	○						12
	12	○	○	○	○	○	○	○	○			○	○	○	○	○	○						14
二〇〇七年(民96年)	1	○	○	○	○	○	○	○	○	○	○	○	○		○	○	○	○	○	○	○		19
	2	○			○	○	○			○		○	○	○			◎			○	○		11
	3	○	○		○	○	○			○		○	○	○	○		◎			○	○		13
	4	○	○	○	○	○	◎	○		○		○		○	○				○	○			13
	5	○	◎	○	○	○	○	○		○		○		○	○		○		○	○			14
	6	○	○	○	○		○	○	○	○	○	◎		○	○				○	○	○		15
	7	○	○	○	○	○	○	○	○	○	○	○		○	◎				○	○			15
	8	○	○	○	○	○	○	○	◎	○	○	○		○					○	○			14
	9	○	○	○	◎	○		○	○	○		○	○	○	○				○				13
	10	○	○	○	○		○		○			○								○	○		9
	11	○	○		○	○	○		○			○			○				○	○	◎		11
	12	○	○	○	○	○	○		○	○		○			○				○	◎	○		13
二〇〇八年(民97年)	1	○	○	○	○	○	○	○	○	○		○			○			○	◎	○	○	○	16
	2	○	○	○	○	○	○	○		○		○			○			◎	○	○	○		14
	3	◎	○	○		○	○	○	○	○		○						○	○	○			12
	4	○	○		○	○	○			◎		○			○				○				9
	5	○	○	○	○	◎	○		○	○		○					○	○	○	○	○		14
	6	○	○		○	○	○	○		○		○			○			○	○	○			12
	7	○	○		○	○	○	○	○		○	○							○	○			11
	8	○	○	○	○	○		○	◎		○	○			○			○	○	○	○	○	15
	9	○		○	○	○	○	○	○	○		○			◎			○	○	○	○	○	15
	10	○	○	○	○	○		○	○			◎			○		○		○		○		12
	11	○	◎	○	○	○		○	○	○		○			○				○	○	○		13
	12	○	○	○	○	○	○	○	○	○		○			○			○	○	○	○	◎	16
總次數		34	33	28	24	31	26	28	27	27	8	34	14	18	28	12	14	10	21	21	15	4	

製表說明：依據三月詩會每月簽到簿(二〇〇六—二〇〇八年)製作，為原始文件之統計結果，表中「問題」於內文說明詳釋。

第四表：自二〇〇九年

「三月詩會」詩人歷年參加統計

陳福成製表
○：人到參與　◎：當月輪值

年月＼編號姓名	1 麥穗	2 關雲	3 晶晶	4 童佑華	5 一信	6 潘浩	7 傅予	8 徐世澤	9 王幻	10 文林	11 謝輝煌	12 金筑	13 許運超	14 蔡信昌	15 雪飛	16 林靜助	17 陳福成	18 丁潁
2009年（民98年）1	○	○		○	○	○		○	○	○	○	○	◎	○		○	○	○
2	○	○	○	○	○	○	○				○		○	○	○	○	○	○
3	○	○	○	○		○	○		○		○	○	○	○	○			○
4	○	○		◎	○				○	○	○	○	○	○	○	○	○	○
5	○	○	○	○	○	○	○		○		○	○	○	○	○	◎	○	○
6	○	○	○	○	○	○		○	○		○	○	○	○	○		○	
7	○	○	○	○	○		○	○	○	◎	○	○		○	○	○	○	○
8	○	○	○	○	○			○	○		○	○		○	○	○	○	◎
9	○		○	○		○	○	○	○		○	○			○	○	○	○
10	○				○		○	○	○		○			○				○
11	○	○	○		◎	○	○		○		○		○	○				○
12	○	○	○	○	○	○	◎		○		○	○	○	○	○		○	○
2010年（民99年）1	○	○		○	○	○	○	○	○		○	○	○	◎	○		○	
2	○		○	○	○	○		◎	○		○	○	○	○			○	○
3	○	○	○	○	○	○	○	○	○		◎		○	○	○	○	○	○
4	○	○	○	○	○	○	○		○		○	◎	○	○	○	○	○	○
5	○	○	○	○		○	○	○	○		○	○	◎	○	○			○
6	○	○	○	○	○	○		○			○			○	○		◎	○
7																		
8																		
9																		
10																		
11																		
12																		
2011年（民100年）																		

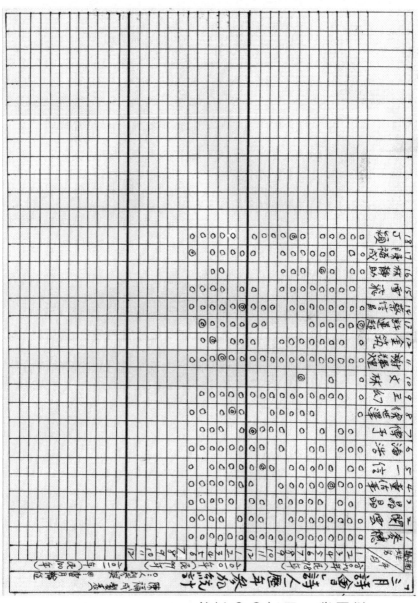

以上表一到表四是按原始文件（簽到簿），所整理出來的統計表，但「原始文件」亦未必合於「事實」，即未必是「正確」的。如有人忘了簽名，簽到簿未帶又事後來補上……可能有許多個原因，那是另一個「查證」工夫。但首先得提出原始文件（如表所示）的問題：

△第一表（二〇〇〇年到二〇〇二年）：

（一）二〇〇一年（民九十年）八月未辦雅聚，原因？

（二）麥穗聲明「全勤參加、未曾中斷」，民八十九年七月、民九十年六和八月、民九十一年十二月，均無簽到記錄。

△第二表（二〇〇三年到二〇〇五年）：

（一）二〇〇三年（民九十二年）五月未辦雅聚，原因？

（二）二〇〇四年（民九十三年），四月有只有麥穗、傅予二人簽到，五月也只有麥穗、傅予二人簽到，六和七月都僅有三人簽到（麥穗、關雲、傅予），似顯得不太正常！且二人不能成會。

（三）民九十二年五月、民九十三年九和十一月，麥穗無簽到記錄，凡此均再當面請示求證。

△第三表（二〇〇六年到二〇〇八年）：

（一）二〇〇六年（民九十五年）元月未辦雅聚，原因？

以上是「原始文件」所出現的問題，有關麥穗部份，經我向他求證，他表示當時忘記簽到，或輪值人未帶簽到簿而以另紙簽到，事後未貼上，故無資料可查。麥穗並寫一張「字據」如下。

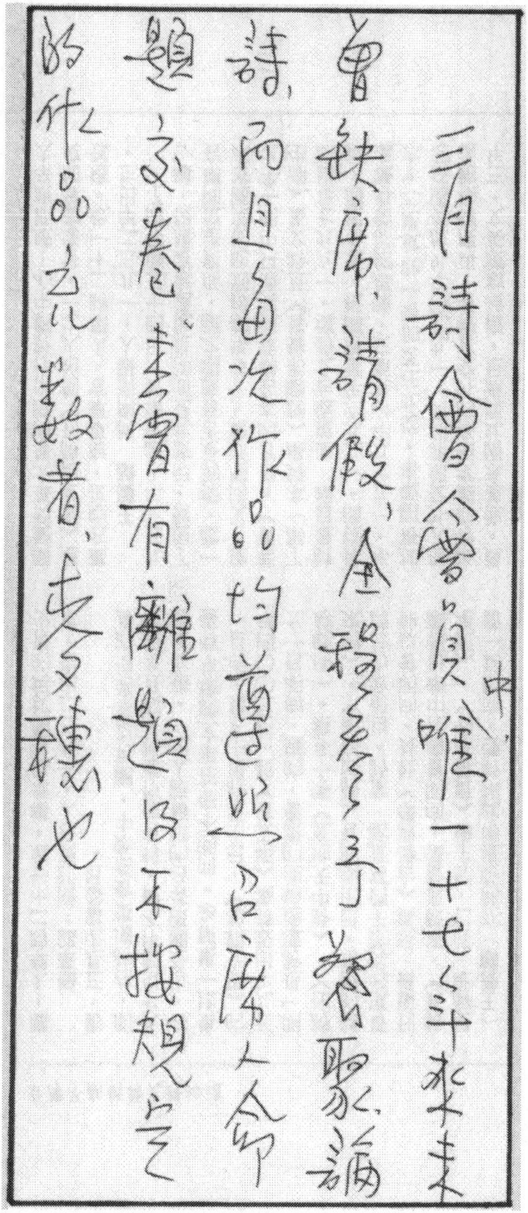
三月詩會會員中唯一十七年來未曾缺席、請假、全程參予聚論詩，而且每次作品均遵照召席人命題交卷、未曾有離題及不按規定的作品，亦無遲繳者，麥穗也

準此，這位「森林詩人」麥穗，是三月詩會創會以來唯一的「全勤生」，全勤獎非他莫屬。在他以下，歷年參加最多，三年一次結算，有三十次以上如次；

第一表（二〇〇〇年到二〇〇二年）：

關雲：三十次。
晶晶：三十三次。
張朗：三十四次。
潘皓：三十次。
徐世澤：三十三次。
文林：三十三次。
謝輝煌：三十三次。
汪洋萍：三十三次。
周煥武；三十次。

第二表（二〇〇三年到二〇〇五年）

謝輝煌：三十次。

第三表（二〇〇六年到二〇〇八年）

關雲：三十三次。

一信：三十一次。

謝輝煌：三十四次。

針對上列各表統計出「原始文件」的問題，我亦以書面向三月詩會提報，麥穗提出一份書面資料釋疑，其內容如下。

（一）二〇〇一年八月，因原定在國軍英雄館小吃部餐聚，因是日餐廳被人包去辦喜宴，臨時改在延平南路輝煌川菜，共有八位出席。餐後到秀宛談詩，可能因此而未做記錄，這次詩題是自由撰寫。

（二）關於本人（麥穗）未簽到部份。

八十九年七月一日，是日「秋水詩社」辦「浩浩秋水」新書發表會，是否改期，沒有記錄，但我（麥穗）應該有參加，詩題「微笑」。

九十年六月二日，是日國民黨代表選舉，我有任務未參加餐聚，但下午趕去參加詩論，可能忘了簽到，這次詩題「塔」。

九十年八月一日，詩會照常舉辦，我亦有參加，是月詩題未定，由詩人們自由創作。

九十一年十二月七日，是日我被邀去嘉義中正大學參加研討會，無法趕回。

九十二年五月由王碧儀召集，她身體不適又有SARS，所以停辦改延後一月。

九十三年九月。在「醉紅小酌」和文協兩處，這次有參加。

九十三年十一月。出國。

（三）九十三年四月，文曉村召集，忘了帶簽到簿，用另紙簽名，可能沒有貼上去。

九十三年五月，文林召集，由晶晶代理，簽到簿沒帶，是以後補簽的。

九十三年六月，由傅予召集，在英雄館餐聚，然後搭捷運到文協。爲甚麼很多人沒簽到？原因不詳。

九十三年七月，在新店安康周煥武的土地代書服務所詩聚，先在他家餐聚，簽到情況不詳。

（四）九十五年元月，原定也是在英雄館，那天也被辦婚禮的包去，改在輝煌川菜。那天到的人數不多，張朗住入安寧病房，關雲牙痛急診，汪洋萍和徐世澤請假，但仍有十人出席，資料中有晶晶、謝輝煌、金筑、周煥武、潘皓、傅予、王幻、文林、麥穗、許運超等。

以上是麥穗針對我的研究所做之補正，三月詩會一路走來，許多過之歷史消逝了，如灰如煙又如夢，他把歷史靜靜地收存，在必要的時候，用他的史料喚醒了三月詩會詩人們的記憶。他不僅是「新詩歷史館館長」也是三月詩會史料記錄與保管員，感謝麥穗先生。

第四表請參閱，麥穗和謝輝煌維持最佳且平手記錄，在後緊咬不放一次之差的是王幻和蔡信昌，再次是關雲、童佑華、丁潁等，堅持下去定有機會爭取冠亞軍。

圖表的最左欄是每月到會人數總計，通常十五上下最多，二十人以上（不含貴賓）較少。

做這些統計工作很費時間，到底有何用處？卻實沒有甚麼大「用處」。利於國計民生嗎？或提昇就業率！或促進兩岸文化交流嗎？也許是，也許不是！但在我們的詩人理想國中，每一個腳印都是三月詩會的「春秋大業」之一，確實是的。

當第二次波斯灣戰爭（即小布希在九一一事件後發動的伊拉克戰爭），勝利的那一刻，小布希說：「Game is over.」，意思說遊戲結束了，你（指海珊）沒得「玩兒」了。

確實是，人生舞台上，人人的每個角色都在玩，看誰玩的痛快，玩的妙，玩的好。我研究三月詩會，心中想著每一個人，動機雖是多方面的，好玩卻是其中之一。

第八章　三月詩會詩人榮譽、工作與獎項

三月詩會詩人自年青時代，在職場上就已是詩的愛好者，多數已開始創作。數十年來，在詩領域內的「成果、榮譽、工作、獎項」，真是書之不盡，說之不完。麥穗在「細說三月十年」（王幻、謝輝煌主編，「三月十年」跋文，二〇〇三年），統計同仁出版品，共計七十七本之多，如今恐已有數百本了（見同仁小傳），這部份不再重述。

吾人回顧三月詩會詩人，曾得中國文藝協會獎，按「文協六十年實錄」（魯蛟、張默、辛鬱主編，普音出版，二〇一〇年五月四日）：

文曉村：詩歌創作獎（民六十八年）

劉自亮（晶晶）：詩歌創作獎（民七十五年）

楊華康（麥穗）：新詩創作獎（民八十三年）

徐榮慶（一信）：新詩創作獎（民八十四年）

謝　焵（金筑）：新詩創作獎（民八十四年）

蔡信昌：美術類，水彩創作獎（民八十五年）

劉文福（劉菲）：文藝評論獎（民八十八年）

劉炳彝（藍雲）：文藝工作獎（民八十二年）

以上只不過中國文藝協會這家「店」的獎項，實際上海內外藝文類獎何其多！例如國軍文藝金像獎、中華民國新詩獎、各縣市文化局文學獎……不計其數。三月詩會詩人大多拿過一些獎，再舉若干：

雪　飛：國軍文藝金像獎、世界詩人金牌獎。

一　信：文協文藝獎章、中山文藝創作獎。

麥　穗：文協文藝獎章、中興文藝獎、詩教獎、詩運獎、詩歌藝術創作獎。

徐世澤：詩教獎。

關　雲：幼兒詩獎、耕莘文學獎。

以上不過例舉，至於筆者不才，各類著作（文學、非文學等），這本「三月詩會研究」是第六十一本，拿過的獎項上至最高領袖、五院院長，下至參謀總長、總司令等等，都拿過了，從略不說。未知，是否爲三月詩會添一抹光彩！

三月詩會雖不是正式「組織」或團體，但成員參與許多兩岸各種文藝社團，本書其他篇章所提到的中國詩歌藝術學會或各種詩刊，絕大多數有三月詩會同仁的一份，以中國文藝協會理監事爲例，第廿七—三十屆名單（之前資料不詳）：

第廿七屆（民八十四年）：理事文曉村。

第廿八屆（民八十八年）：理事徐榮慶（一信）。

第廿九屆（民九十二年）：常務理事一信。

第三十屆（民九十六年）：理事有一信、林靜助、劉炳彝、陳福成。

監事：孫健吾（雪飛）。

理監事很少有行政工作，麥穗於民國八十七年（一九九八）任文協副秘書長，協助秘書長名小說家張放的工作，麥穗很早加入文協，他是民國四十四年由紀弦及覃子豪介紹加入，見「文協六十年實錄」（頁七〇，麥穗「文協六十年瑣憶」一文）

詩人的要務雖是寫詩，但最耗時費力者，應是親自主持、主編一個刊物，或任組織「長」字輩重任，或經營出版社，這也是文學領域工作的延伸，例舉三月詩會詩人：

劉建化：創「桂冠詩刊」，自任主編。

賀志堅：多家報紙、出版社之記者、主編。

劉　菲：世界論壇報「世界詩葉」主編。

莫　野：創「谷風詩報」，任發行人兼社長。

藍　雲：創「乾坤」詩刊，任發行人兼總編輯。

文曉村：創「葡萄園」詩刊，一生獻身葡刊。

丁　穎：開書店、出版社，主持藍燈文化公司。

林靜助：組織專家，專搞（整合）活動。

王　幻：世界論壇報「世界詩壇」主編。

麥　穗：「勞工世界」、「林友」月刊主編。

陳福成：創「華夏春秋」雜誌，自任總編輯。

談詩人的榮譽、獎項或許很「俗」，因爲詩人更在乎自己的詩在歷史上得到何種評價？有了很好的「定位」，這便是詩人對自我的最高期許。例如文曉村的「一盞小燈」是他的代表作，曾列入中學課本，於願已足。本來嘛！李白、杜甫也沒得過甚麼獎吧！但他們作品流傳千秋。

談到詩人的「歷史定位」或叫歷史地位，這是很不容易的成就，也很難（指難在客觀）說的準。但時間是最公正的論評者及終極裁判，當這個時代的人全走了（約八十年後），誰的詩被丟棄？誰的詩被代代傳誦朗讀？或當史家研究，還能提到你的名字，那便是定論。這是中國歷朝歷代，後朝爲前朝修史（明朝修元史、清朝修明史），才能做到客觀公正。

但我這篇文章不能等八十年後再寫，也不能說等兩岸現政權都「掛了」再寫。我只能寫「現在」，因爲現在亦通向未來，通向無盡的永恆未來，準此，我看到未來詩論者，評價三月詩會詩人一信說他是「詩的播種者」，（註一）而麥穗的「文學步道」恆立於碧潭渡口水岸。（註二）

未來的任何世代，只要有詩人活在人間，總會問起「詩的播種者有那些？」只要海水上漲不淹沒整個大台北地區，麥穗「詩的銅碑」可以發光萬年！

期許三月詩會詩人創造自己的歷史定位，而不是「文協六十年實錄」第三五二頁半行不到的字：本會近十位同仁成立「三月詩會」。（指八十二年三月十三日事，還有錯。）

我亦深信，做爲一個詩人，追求應有的歷史定位，是詩人最高最後的榮譽和獎項。而不論你叫「台灣詩人」或「中國詩人」，終究是用中文寫的「中國新詩」吧！

註一：落蒂，「詩的播種者」（台北：爾雅出版社，二〇〇三年二月二十日初版）。該書評選當代「詩的播種者」有覃子豪、周夢蝶、方思、余光中、夏菁、洛夫、向明、蓉子、沙牧、文曉村、羅門、阮囊、商禽、楊喚、大荒、張默、瘂弦、辛鬱、一信、鄭愁予、梅新、隱地、白荻、葉維廉、岩上、林煥彰、楊牧、敻虹、王潤華、劉延湘、綠蒂、張錯、淡瑩、吳晟、尹玲、蕭蕭、羅青、馮青、白靈、沈花末、陳義芝、葉紅、陳煌、陳黎、焦桐、林建隆、路寒袖、孟樊、羅仕玲、顏艾琳、劉叔慧。計五十一詩家，落蒂選這五十一家必有深意（標準），多一家是多餘的，少一家是遺珠之憾！

以上五十一家詩作我不可能讀遍，但多少知其人其事，我只對路寒袖有意見，其他章節已有論述，此不細說。試想，若李白、杜甫見安祿山「執政」了，便投靠安祿山；見造反集團垮了，大唐又「輪替」回來，便來抱大唐皇帝的腿，圖謀一官半職，他二人還是詩仙詩聖嗎？恐怕甚麼也不是吧！

註二：新店碧潭渡口，設置「文學步道」，於二〇〇九年九月正式啟用。計有席慕蓉、柏楊、張香華、周夢蝶、管管、張拓蕪、陳幸蕙、桂文亞、吳念真、綠蒂、龔華、梁修身、陳銘磻、俞允平、涂靜怡、琹川、麥穗、謝坤山等十八位詩人作品親筆書寫，刻勒在長方形的銅牌上，並有作者小傳。步道全長約一百五十公尺，十分難得地方政府有此用心。

這十八位我對柏楊和吳念真有意見。柏楊原本春秋史應有不錯的地位，可惜晚節不保，到台獨陣營當個官（有給職），對陳水扁貪污一語不發，等同默認支持不法政權的貪腐（因為他需要錢），可惜！吳念真情形類同，幫陳水扁搞宣傳，對阿扁貪污案一語不發，他失詩人真性情、不真誠，也對不起人民。

再補註：

想想我對落蒂兄「詩的播種者」，對其中一位做如此「血淋淋」的批判，心有不忍，落蒂是當代詩壇中受到敬重的詩人，我們亦多次把酒論詩。我須強調，我純就春秋正義的立場論述，春秋正義批判不涉私誼，甚至不涉私情親情。

第九章　「三月詩會」與中國詩歌藝術學會、青溪論壇、藝文論壇及紫丁香詩刊

二〇〇九年三月二十九日上午，由中國詩歌藝術學會第七屆會員大會暨改選理監事，全程假台北市錦華樓大飯店二樓華采廳順利舉行完成。

首先當選理事者有林靜助、廖振卿（台客）、彭正雄、劉玉霞、謝炯（金筑）、林精一、陳福成、劉小梅、周伯乃、楊華康（麥穗）、蔡雪娥、王家文（王幻）、龔華、莊雲惠、孫健吾（雪飛）、潘皓、王志濂（瘦雲王牌）、張小千、徐榮慶（一信）、陳明卿、楊正雄，共二十一位理事。

吾人須注意，二十一位理事中有八位是三月詩會成員：林靜助、金筑、陳福成、麥穗、王幻、雪飛、潘皓、一信。三月詩人「勢力」直逼五成，事實上其他非三月詩會理

事，很多也是三用詩會的「戰略夥件」。

接著全體理事召開改選常務理事及正副理事長，結果由林靜助、廖振卿（台客）、彭正雄、陳福成、楊華康（麥穗）、王家文（王幻）、徐榮慶（一信）七人當選常務理事。最後由林靜助當選理事長，楊華康（麥穗）任副理事長。我們特須注意這份名單，只有台客和彭正雄不是三月詩會成員，但他二人是三月詩會的堅強盟友。

另在監事方面，有李政乃、范楊松、林文俊（文林）、王英生（大蒙）、許運超、傅家琛（傅予）、童佑華共七人。三月詩會成員亦有四人（林、許、傅、童），由李政乃當選常務監事，但大蒙在早期也是三月詩人之一。

由前面理、監事、常務理、監事及正副理事長名單，中國詩歌藝術學會儼然是三月詩會的另一塊「招牌」，是三月詩會的「組織化」。

類似的情形在青溪論壇、藝文論壇和紫丁香詩刊，吾人也順帶一述。「青溪論壇季刊」屬「藝文、論壇、資訊」的綜合性藝文雜誌，由我、林靜助、雪飛和彭正雄四人籌辦，林靜助主其事。其編輯陣容：

林靜助：總編輯兼發行人。

雪　飛：社長兼綜合評論主編。

陳福成：副社長兼文化評論主編。

一　信：詩歌評論專欄主編。

落　蒂：詩歌史論主編。

林錫嘉：散文評論主編。

陳祖彥：小說評論主編。

彭正雄：出版評論主編。

胡明宏：美展評論主編。

廖繼英：美術評論主編。

方飛白：中東特派員。

青溪論壇於二〇〇八年元月十五日發行創刊號，之後發行到第四期，爲釋疑「青溪」的軍方色彩，也爲促成「青溪新文藝學會」和「中國詩歌藝術學會」的結合，決議更名爲「藝文論壇」。這個整合與改版的動力，林靜助是重要推手，他目前除是三月詩會成員，也是中國詩歌藝術學會理事長。「藝文論壇」發行人兼總編輯，以及紫丁香詩刊發行兼總編輯。但三月詩會成員積極配合，也是重要原因。

改版後的「藝文論壇」季刊，於二〇〇九年五月四日發行創刊號。其組織架構與原先青溪論壇大同小異，多一位三月詩會成員麥穗（民俗評論主編）。

三月詩會成員對前述團體的參與方式，除參與其正式組織，有兩種方式，也是一種支持的表示。

其一爲活動參與，如民九十七年元月二十日，青溪論壇創刊酒會在國軍英雄館，三月詩會全體同仁都參加。

二〇一〇年元月廿三日，古晟（陳福成）實驗小說，「迷情・奇謀・輪廻」評論會，「老田西餐廳」舉行，三月詩會同仁參加及提報論文最多。

二〇一〇年四月十四日，在「華文地區藝文交流座談會／歡迎大陸學者古遠清教授和深圳作家劉虹」（在台北錦華大飯店），三月詩會同仁更是積極參與盛會。同仁林靜助、雪飛、金筑都是俱名邀請人，同時爲整個活動策劃者。

在作品提供方面，三月詩會同仁也最積極，從「青溪論壇」到「藝文論壇」，到「紫丁香詩刊」，各類供稿以三月詩會同仁最多。任意列舉，限篇幅列題目。「青溪論壇」創刊號：

雪飛，「詩的創作」。

陳福成，「現代社會外遇思潮研究：社會現象的觀察、判斷與預測」（論文）。

一信，「衝向叫嚷的子宮：詩人落蒂及其作品簡介」。

林靜助，「解圖台灣的圖像：兼論向陽主編『二十世紀台灣文學金典（散文卷）』」。（論文）

在「青溪論壇」創刊號，同時亦報導三月詩會同仁一信的詩書特展（新店圖書館），還有三月詩會出版「彩霞滿天」，這是三月詩會的第六本同仁詩集，並附一張三月詩會全體同仁合照。可見得，三月詩會和青溪論壇，關係是很密切的。

再看「紫丁香」詩刊創刊號（民九十八年十二月），有三月詩會同仁作品（詩）：

一　信：「離婚」、「節日形象」、「雞有六腿乃時代趨勢」。

金　筑：「擊掌」、「月亮、故鄉」。

陳福成：「茶山論道」。

雪　飛：「在風花雪月的夢裡」。

許運超：「萬聖節有感」、「告別二〇〇九」。

麥　穗：「告別」。

三月詩會同仁，與中國詩歌藝術學會、青溪論壇、藝文論壇及紫丁香詩刊，像是有著「半結構式的戰略同盟」，各種支持方式中，另一重要的是出錢出力。固定贊助者有林靜助、雪飛、古晟及三月之友彭正雄先生。非固定贊助者如謝輝煌，還有更多「為善不欲人知者」，才使刊物得以正常發行，使各項活動順利進行。

為甚麼要窮追三月詩會同仁這些足跡？因為三月詩會即不是一個「組織」，吾人想進而窺知這些同仁的戰場在那裡？原來他們很多同時參加了中國詩歌藝術學會、青溪論壇、藝文論壇或紫丁香詩刊，這些組織似乎也成了三月詩會同仁的另一組織。

事實上，絕大多數三月詩會同仁也都是中國文藝協會和中華民國新詩學會的會員，詳見本書另篇三月詩會同仁屬性研究。最有深厚歷史關係，則是中國詩歌藝術學會，這只要看中國詩歌藝術學會每次編的選集，三月詩會同仁幾乎全數參與，便是一目了然了。其至可以追溯到更早的關係，八十三年七月二十九日在王祿松家發起「中國詩歌藝術學會」創立，當時三月詩會同仁王幻、林紹梅、麥穗、金筑、晶晶、文曉村等，都是創會員。以最近的「詩藝浩瀚」（台客主編，文史哲出版社，民九十八年六月），編選三月詩人作品者，有文曉村、晶晶、許運超、一信、麥穗、林靜助、金筑、雪飛、王幻、徐世澤、潘皓、章佑華、林齡、傅予、丁潁、陳福成、文林、王詔觀、關雲、林恭祖，共二十家詩人作品。這種關係的形成應是長久耕耘的結果，與中國詩歌藝術學會歷任理事長，都和三月詩會有很好友誼有關，其中又以文曉村、林靜助兩位理事長，他們同時也是三月詩會同仁，能爲三月詩會開創有利局面。

△文曉村理事長：第一、二屆，民八十四到八十七年。

△王祿松理事長：第三屆，民八十八到八十九年。

△周伯乃理事長：第四、五屆，民九十到九十五年。

△劉小梅理事長：第六屆，民九十六到九十八年。

△林靜助理事長：第七屆，民九十八年四月——。

自林靜助先生接任理事長，由他所整合而成的藝文論壇和紫丁香詩刊開始壯大，與三月詩會同仁交流密切。相信在他的領導下，兩岸中華文化的交流、發揚應有更大揮灑空間，兩岸文壇詩界有更多的了解。從文化、文藝的交流、統一，促進政治的交流、統一，應是可以期待的。

第十章　記文壇三老之一鍾鼎文先生蒞臨三月詩會

時　間：二〇一〇年五月一日中午十二時—下午三時。

地　點：台北市真北平餐廳。

輪值人：許運超（三月詩會只設輪值人）。

台灣文壇詩界有三老，爲對現代詩影響深遠的老一輩詩人，目前唯一在台灣的鍾鼎文先生高齡至今（二〇一〇）已九十七歲。另兩老是覃子豪（已過逝）和紀弦（住美國），所以鍾鼎文先生不僅是台灣詩壇之「一老」，也是重量級國寶，近百歲還能參與一些文藝活動，實在了不起啊！我們都很羨慕這種「天命」。

大家聽說鍾老要來，都很興奮，十一點多大家就到真北平貴賓廳，簽到閒聊。大約中午十二點正要開席，鍾老出現在門口，現場爆出一陣掌聲。

「鍾老師好！」大家這樣喊他，他也客氣回禮。

麥穗忙著去扶他（因鍾老透過麥穗說要來的），就坐後先簽到（如序前照片頁）。接著，鍾老說明這次要參加三月詩會的緣起，因紀弦在美國寫一信給他，提到二人都快百歲了，能動動多動動，就想到三月詩會，他還自己準備一張簽到紙，要大家簽名，好寄回美國給紀弦看。詩人族群就是這麼可愛！

席間，大家邊吃邊聊，偶爾也聊些文壇往事，但鍾老對於三月詩會能維持到今年十七年而不打烊，贊賞有加。看他今年九十七歲了，精神尚稱不錯，步伐也還穩當，能單獨一人出門、乘車，我們也佩服之至。未知吾人到九十七……人在何處了……

餐後侍者收拾好餐桌，開始三月詩會的第二段節目，每位詩人朗讀自己帶來的作品（影印每人一份），然後接受現場各詩人講評，指出詩作之優缺、用語、層次境界等。鍾老師（多數這樣稱呼鍾老）講好，他最後再說，大家也請他擔任講評人。

今天的輪值人是將軍詩人許運超，由他開始逆時針輪下去。這回主題是：「初夏．浪漫．歌」，僅抄每人的作品主題如下：

許運超：「初夏」、「爛腳之歌」。
晶　晶：「初夏．浪漫．歌」。
徐世澤：「初夏」。
謝輝煌：「初夏」、「蛙怨」。
麥　穗：「初夏．浪漫．歌」。
金　筑：「初夏」、「杯」、「李後主」、「戰場」。
蔡信昌：「初夏」、「浪漫之歌」。
一　信：「真情再婚：夏之浪漫——獻給陳秀慧女士」。
童佑華：「折枝」。
丁　穎：「初夏」、「無言的歌」。
傅　予：「海葬」。
雪　飛：「一個浪漫的初夏」。
陳福成：「溪頭，浪漫歌」。
關　雲：「季節的尾聲」、「在微風中打盹」。
潘　皓：「初夏」。

三月詩會雖每月有主題，但並未硬性規定必須依題作詩，惟多數仍在當月主題範圍內。今日席間各家詩品的詩論內容，從略不記，因爲講評只是給當事人參考。倒是鍾鼎文老師最後講到的幾點，我略爲記述。

第一、詩要「驚」、「精」。驚，Surprise，是驚奇，驚天地動鬼神，語不驚人死不休，古今名詩、名句莫不如是。但「驚」不是不加思考，突然之舉，還是要一個醞釀的過程，如懷胎十月，使其成熟才能創造「精」品。

第二、「精」的另一個過程是沈澱，要用時間去沈澱。「我現在回頭看以前自己寫的東西，有些看了很臉紅。」所以，沈澱才能找出問題，才有進步，愈是沈澱愈有好詩。

第三、新詩是中國傳統詩詞，走到這個現代所出現的新東西，論時間不是很久。未來在中國文學裡面能否有一席之地，當未可知，「我比較不樂觀」。

第四、新詩不論如何發展，必須仍是中國文學的傳承。中國文學有幾千年深厚的文化土壤，這是用之不盡的資源，也是母體。以往所謂「西化」是一條死路，不通的，因爲脫離了中國文學的活水。

第五、詩不僅是文學，名垂千古的詩更能昇華到思想、哲學等更高層次。嚴格而論，詩沒有昇華到這種境界，文學之價值是要扣分的，追求這種境界「精」的沈澱很重要。

第六、詩之起源，來自人天生對一切事物有真誠的反應，進而才能沈澱出某種美感，這是一種昇華作用。這種過程「真誠」是絕對必要的，我們大家都要努力，寫出最好的詩是我們當「詩人」的人，最重要的「天職」。而選擇來當一名詩人，也是一種「天命」。

以上幾點鍾老的總結。他言談很客氣，並不以大老、前輩自居，謙稱如今看以前自己的東西很臉紅。他並不說「你們要努力」，而說「我們大家要努力」，身爲台灣詩壇三老之一，又唯一現住台灣，且近百歲了，仍如此謙虛，這才叫人更佩服。我碰到過不少詩人，這談間必否定別人的作品，此二者之別，如參商也。

大約下午三點多吧！詩會結束，大家陪著鍾老走下樓，在真北平餐廳門口叫了一輛計程車，拜拜聲中目送鍾老離去。臨行，他說：我會把今天的簽到寄給美國的紀弦。

這兩老還真是可愛！千百年後也會是文壇上流傳的佳話。而三月詩會詩人期待下次雅聚，六月我是輪值人，詩題是「三月詩會春秋大業十八年」。

明年三月詩會邁向第十八年，大家好好努力，要寫出最好的詩！

第三篇　三月詩會戰場焠舉

三月風華
劉菲
江洋萍 主編
金筑 關雲／主編
2010.05.02

第十一章　三月詩會詩人在「谷風」詩報雜誌社

一九九四年六月四日，幾位詩壇朋友，憑著滿腔對詩的愛好執著，胼手胝足，墾植一片新詩園地，不要噪音，不要污染，讓心情隨白雲舒展；讓思緒乘和風奔馳，讓這一片新鮮的詩園，在純靜的空間，舒展自如。

她的名字叫「谷風」，取幽谷和風之意。谷風雙月刊誕生了，她們發展了上述「誕生宣言」，也標示出這家詩社的宗旨。其發行人是李彥鳳，社長莫野，編輯是關雲。下面是谷風雙月刊創刊號的「報頭」。

「谷風」成員以「五鳳」爲核心，有晶晶、王碧儀、宋后穎、關雲、莫野（李彥鳳），她們期待和風輕拂，百花齊放，百鳥爭鳴，百川集匯，共同呈現新詩真、善、美的面貌與境界。

可以見得這批現代詩壇巾幗，是胸有大志的。

社長莫野在谷風創刊號「詩情話意」表示，她許久前便將「新詩」當做情人般看待；主編關雲「與詩同步成長」一文，更說「對詩的喜愛——我無怨無悔，而且永遠展現於詩裡是最淋漓且真實的自剖。」這五鳳是「吃了秤鉈鐵了心」，所以谷風第二期就得到豐富的回應。謝輝煌賀「谷風詩報」誕生：

空谷蘭花根有土，和風筆墨秀無邊。
裁詩織錦三更夢，出報得燈六月天。
格創忘年手帕誼，詩刊隔月金蘭篇。
溫之血汗無限意，喜慶騷壇又陌阡。

謝輝煌在後記註，爲詩壇五鳳結盟，欣見初試啼聲，刻削成句，作嵌字詩以賀，並以之紀事耳。時諾曼第登陸五十週年後二日。詩人吳明興「谷地」亦賀之（均刊第二期）。

洄瀾在柳絲外旋動
風乘著白雲
划到對岸的青草地
水薑花粲然凝眸

妙香彷彿沉檀
緩緩的溢出谷土地
彼時蝴蝶成群
金翅閃著粼粼的波光
直到雜色相亂的宇宙
終於在混沌裡隱沒

吳明興期許谷風的詩「妙香彷彿沉檀／緩緩的溢出谷地」，這是一種境界。惟本文重點在展示三月詩會詩人的「第一個戰場」，谷風創刊時三月詩會已誕生一年多了，谷風即在創刊號（一九九四年六月四日），爲三月詩會製作專輯，展出作品如後，主題「飛」：

彈琴

晶　晶

稚嫩的手指
每日叩響黑白的大門
喚醒那群賴床的精靈

起來　做功課啊
從生澀到稔熟
從滑動到飛舞
琤琤琮琮是出山的流泉
輕輕柔柔如舒卷的白雲
蘋果臉上凝著淘醉的神采
噓——妹妹，別吵

蝗蟲與木馬

文曉村

據說
有一種神秘的沙盤
曾經對兩岸直航
做過種種的推演
第一種推演

是非常中國式的
如果海峽的天空
一旦開放
幾百架米格機
跟在民航機的後面
像蝗蟲一樣
鋪天蓋地飛來
台灣怎麼辦？

另一種推演
則極富西洋神話的色彩
飛機的肚子看起來
有點像木馬
一旦開放直航
古典的木馬屠城記

會不會在台灣再版？

不懂沙盤的小老百姓
誰還敢再談直航
只有悄悄地
閉上嘴巴

飛思

劉　菲

我把紫金山的雲花摘下
為你編一雙海鷗的翅膀
讓你護送逐浪的戀人
安渡藍藍的海峽

我把峨眉山的楓紅收拾
為戀人編床紅毯

願在眾人的祝福聲中
牽手踏過楓紅的那端

飛的狂想

林紹梅

振翼高飛
天外還有一個天
地球和行星
都在腳底下打轉

脫離地心引力後
就迷失了方向
到底是上升呢
還是下降

午夜鐘聲

把睡夢敲醒
醒後頓悟
上升是
不服老的憧憬
下降的是
無情的歲月

紅山之鷹

王　幻

一身雕翎，被
胭脂山染成火的顏色
烏蘭哈達之鷹啊
卓立赤峰頂峰
為蒙古人的崢嶸造象

振起蒼臂而飛
發洩內心無窮的熾熱
盤旋戈壁大漠的上空
俯視老哈河流往
西拉木倫河的激揚
青青的原野，起伏著
風吹草低的呼吸

鷹！
烏蘭哈達之鷹
以生命的鬥志，探取
宇宙的奧秘！

註：「紅山」蒙古語作「烏蘭哈達」，意為紅色的山峰，亦名「赤峰」。

飛越太行山脈

——北京至西安途中

麥穗

俯視大地
是一片綿延萬里的起伏
秋風甫起
已有白雪為它畫上
錯綜崢嶸的稜角

飛向歷史
飛越鋪展在中原大地的
壯麗河山
去走訪李白
曾醉臥吟詩的長安舊街

蝶戀花

金　筑

翩翩的蛺蝶
以不安寧的心
搖醒了花魂
舞起來的狂想
招惹惱人的春色
翻飛　穿梭
靈魂飄起一片春訊
在沉醉的夜
　駐足　尋夢
作了青春的背叛
散播馨香
襲往　過來
使那些

不安寧者
醉死　迷死　薰死
捧為可憐的祭品
其實　蝶與花都是犧牲
都是祭品
在時空中
頹然的走過
　若夢

蝴蝶夢

藍　雲

他曾夢見自己是大鵬
展翼直沖九霄
雄心欲鼓整個天空
而夢中日月如飛

祇見他一覺醒來
尋尋覓覓
在尋花間
何嘗見那夢的影蹤

不是鵬
更非龍
使他陶醉的不過是夢
一襲比夢還易碎的蝶衣
如何能搏扶搖而上九萬里
更遑論迎戰風雨的吹襲
可歎復可憐的是
那人夢醒時的淒迷

飛我

一信

何不　騰地而起
衝上九天　在
九天之外　放誕自己
為何　只能站在地上
　　坐在椅上
　　臥在床上
　　最後埋在土中
何能　衝離世塵　衝破大氣
或是只化成一片雲
昇華自己　飄泊自己

飛　飛　飛
凌詩飛上天外之天
逸出世界之世
羽化自己　風逝自己

麻雀

謝輝煌

像破殼而出的小雞
有端正的五官，齊全的五臟
晨昏，你得很緊
風雨，你料得很準
只有彈弓和網子
像午夜的夢魘
飄忽不定

你的嬌音如女孩歌唱

你的翔姿如海燕舞蹈
時而在瓦行間細說豐年
時而在花園裡戲踩高蹺
時而閃閃黑亮的眼珠

小立窗前
聽我朗誦古今名篇

我的窗子有鋼欄護著
鋼欄不是你永久的侍衛
何不點燃生命的引擎
像火箭衝入太空
你的肺可以呼吸大氣
你的腳可以親吻嫦娥的月桂
你也可以在太空的臉上畫一道彩虹
愉悦人間更多的眼睛

你是麻雀
不是沒有翅膀的芝麻
你的存在
證明你有完整的生命、人格和尊嚴
你可以和眾星平起平坐
暢談天上人間的悲歡離合
也可以像我一樣
點一盞心燈，手按歷史
祈禱世界永恆的平和

啊，麻雀
我祝禱你快些蛻變
變成一隻雲雀
相告天下太平

蝶語

張　朗

只舞春風　不見秋霜
感謝上蒼巧妙安排
吾類的生命
恰與歡樂等長

不釀蜜糖　只吻花香
感謝造物深情眷愛
吾類的生活
恰在辛勞之上

多少寓言中的非議與悲憫
置之淡然一笑
只有在夢中效顰的狂客

勉強算得半個知音
可惜栩然搧動的哲思
不若翻翻蝶衣輕盈

據谷風創刊號「三月詩會」專輯所述，當時有同仁十二人：林紹梅、王幻、文曉村、麥穗、金筑、謝輝煌、張朗、劉菲、一信、邱平、藍云（雲）、晶晶。二個月後，晶晶、麥穗主編的「三月情懷」（文史哲，八十三年八月）詩集，同仁增加劉建化、汪洋萍二位，編者麥穗也提到田湜因生活習慣不能配合，只好退出詩會。

谷風果然「緩緩的溢出谷地／彼時蝴蝶成群」（引吳明興詩），每期推出一個專輯（如第二期兒童詩展），詩壇很受好評，詩稿來自兩岸三地都有。惟我僅略記幾期三月詩會同仁（含後加入者）詩題，以彰顯三月詩會詩人在第一個戰場上，一滴瀲灩之水光。

谷風第八期（民八十四年八月二十五日）

王碧儀，「寂寞」。（詩）

林紹梅，「思念的橋」。（詩）

麥　穗，「雨滴在淺窪裡」。（詩）

張　朗，「橋」。（詩）
邱　平，「四句連解」、「知音」。（詩）
謝輝煌，「四面佛」。（詩）
晶　晶，「鬧中取靜的秀苑」。（短文）
謝輝煌，「輕提燈籠照詩心」。（評向明詩）
汪洋萍，「新詩未來的發展問題」。（短文
谷風第九期（民八十四年十月二十五日）
晶　晶，「衷心偏愛的小白屋幼兒詩苑」（短文）。
謝輝煌，「碧亭之夜」、「蓮」（詩）。
邱　平，「悼」、「黑天鵝」（詩）。
關　雲，「荻花之愛」（詩）。
張　朗，「月問」（詩）。
謝輝煌，「朝天門碼頭」的深冬（讀詩心得）。
晶　晶，「菊說」（詩）。
王碧儀，「夜來香」（詩）。

張　朗，「牽牛花」（詩）。

一　信，「蒲公英」（詩）。

如此這般，谷風已儼然三月詩會諸君子最愛的戰場，他們在這裡盡情揮灑。殊爲可惜的是，谷風發行到第十期便停刊，我特向謝輝煌先生求證原因。說是谷風到第十期「樹」已長的很大，因女詩人不願太招「風」，故「急流勇退」。這是我於二〇一〇年五月廿三日和謝輝煌先生通電話，所談到的谷風停刊緣由。（註：這次和謝輝煌先生通電話，謝提到吳明興最早經營兩岸詩壇，他自己出錢出力把詩刊寄大陸，多位現在詩壇重量級人物罵吳明興「資匪」，但不久那些罵他的詩人跑大陸比誰都勤。我答說，人在不同時空的看法也不同，罵吳資匪或許是「特別時空」，如心裡仍處「戒嚴」；不久罵人的也勤於跑大陸，是人回到「正常時空」，處在「基本面」，所以看到「真相」，謝先生哈哈道是吧！）

谷風詩報雖十期便停刊，但她有一特色深值懷念，即是她的刊頭題字書法變化多，不同於詩的另一種藝術欣賞。含前面的創刊題字，共取五期刊頭書法爲紀念與欣賞。

行政院新聞局出版事業登記證：局版臺誌字第壹零玖零壹號
雙月刊
刊頭題字：周春芳 先生作品
6
中華郵政台北字第五〇九八號執照登記為雜誌交寄
一九九四年六月四日 創刊
「行政院文化建設委員會」贊助

行政院文化建設委員會 贊助
行政院新聞局出版事業登記證：局版臺誌字第壹零玖零壹號
航仙
雙月刊
刊頭題字：方航仙 先生作品
7
中華郵政台北字第五〇九八號執照登記為雜誌交寄
一九九四年六月四日 創刊

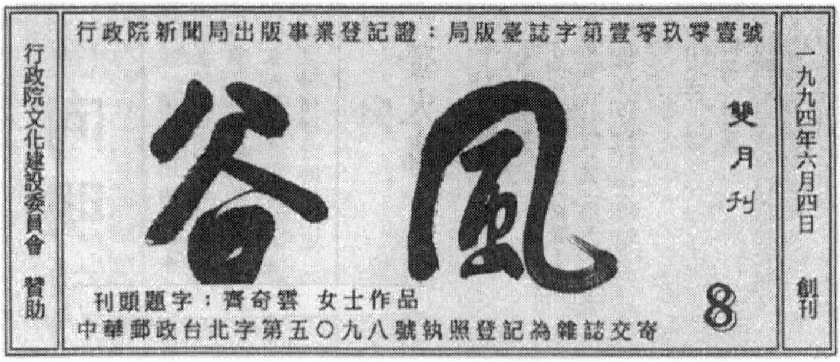
行政院文化建設委員會 贊助
行政院新聞局出版事業登記證：局版臺誌字第壹零玖零壹號
雙月刊
刊頭題字：齊奇雲 女士作品
8
中華郵政台北字第五〇九八號執照登記為雜誌交寄
一九九四年六月四日 創刊

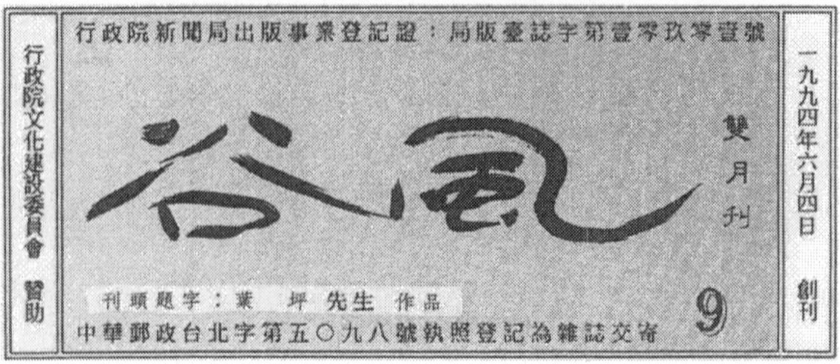
行政院文化建設委員會 贊助
行政院新聞局出版事業登記證：局版臺誌字第壹零玖零壹號
雙月刊
刊頭題字：葉 坪 先生 作品
9
中華郵政台北字第五〇九八號執照登記為雜誌交寄
一九九四年六月四日 創刊

第十二章　三月詩會在林友月刊

「林友」月刊是林務局的刊物，麥穗一生在森林工作，素有「森林詩人」雅號，依據研究史料，三月詩會成立後，最早有專輯形式發表的刊物是林友。

本文所展各詩作，正是民國八十二年六月號第三五八號林友月刊，此時正是三月詩會成立不久，所碰到第一個端節，吟詩主題自然和節日有關。這個「端午專輯」全部照錄如後。

端節有感

藍　雲

又是蒲月
又是龍舟競渡時節
那行吟澤畔的孤影

汨羅江的嗚咽
曾令多少人浩歎的畫面
如今變為節慶的歡躍

同一張日曆，在兩岸
同樣歡度得有聲有色
五十年的分隔
何嘗讓五千年的血脈隔絕
那些健忘症的患者啊
可曾聽見歷史的告白

站在陽明山上俯瞰
淡水河正以熱情的手伸向
那遠遠奔來的長江
彷彿兩手相握在波瀾起伏的海上

而在每一朵澎湃的浪花中
都含有帶淚的微笑，跳躍的希望

榴花　夢和風箏

邱　平

五月的榴花在我的夢裡
燃燒
被點亮的夢，在期待跫音的
原野裡奔跑

心愛的風箏、要飛得又遠
又高、可不能斷線
夢被剪貼成鬍鬚的臉去會見
彩色的空無

夾岸的桃林是二重女聲的

合唱
夢，就迴湯成陣陣飄浮著的
花香
打麥場邊的石滾子也有些
悠揚的歲月
轉個不停的是外婆手上懸著
捻著的線陀

一串銀鈴走出西廂的房門
迎接
朝陽以兩片紅霞，作為贈禮
相見

迷途的夢誤搭上一艘盜船
流浪到了荒島

榴花變做一盞燈，陪夢渡過
一個又一個哭泣的夜

一九九三、五、三十、台北

詩囈　一信

我不願再聽
那些煩瑣的議論
囂叫　或詭辯

而我　祇是有
純真而善良的心
以精簡的語言
　優美的意象
顯現出　我

戰爭走開　政治走開
功名利祿也走開
當我浸淫在一個形象中
　一切都走開

不是風景　不是風光
是純樸的　詩　我是詩
我在另外的一種空氣中呼吸

永遠消逝的紅棗綜子

文曉村

四十個異鄉的端陽
不知嘗過
多少異客的滋味

只記得當年

鹹的澀口
淡的需要沾糖
花生至乾餡
便覺得滿口齒香

只是年年端陽
想到母親親手包的
紅棗粽子
嘴角上掛的
竟是淚水

香囊

張　朗

端午雖已過去
仍不忍丟棄
暗暗貼身佩帶胸前

感受一囊芳馨濃情
與我悸動的心
撞擊出愛的繽紛

給妳一副取悅我的外表
想必費了不少心思
加多點，再加多點香料
她的心意　決不只
叫妳僅僅在佳節
伴我一天
不時輕撫
編織綿密的彩絲
腦海由忍不住漾起
一朵搖紅的燭焰
焰前孜孜倩影

款款的殷懃

而妳那長長的流蘇
輕柔地共我繾綣
髣髴每一條都牽動
我多情的神經
牽引起千千情結
一個結繫記一次纏綿

妳雖只是
她送給我的端節禮物
卻一直貼身佩帶胸前
藉滿腔熾熱的愛
長久地、長久地回報
她纖纖玉指的餘溫

弔屈子

金筑

高山　平地
丘陵　沙漠
任何地方都可以安息
你欲作了漂水花
漩入
一泓清澈的沈淵
且任嗚咽嬝繞
一沈就是二千年
任何悼詞　頌語
歌詠　哭泣
米粽　黍角
菖蒲　艾草

以及徘徊……
不能喚醒那
不幸的悲憤
想必是　歷代
足以斷流的
悼念和嗟嘆
累積太多
太重　大深沈
積壓你夢
難以甦醒
我想　你永遠不會清醒了
你不朽的靈魂
千垂百鍊成
不滅的象徵

卓然成
嶽峙淵渟

端陽冥想

林紹梅

龍舟競渡
齊弔楚國的一位
愛國詩人

三閭大夫
悲壯的一躍
汨羅江
浮起了一句
「暴政必亡」的
千古格言

秦滅六國
滅秦的還是
秦國自己的暴政
朝代不斷更替
匆匆忙忙

江邊速寫

謝輝煌

他唱完最後一隻歌
抱個石枕
酣然夢入五月的汨羅

夢裡
榴花高舉滴血的火把
照亮楚國的山河
達官巨賈正磨拳察掌

計議如何攻佔秦國的市場

漁舟去了又來
欲恭迎三朝老臣返鄉探親
惟有江風知道
郢城已沒有他的同志
秭歸也沒有他的親人

槳聲瘖瘂
他依然懷沙高臥
神遊胥山峰頂
遙想館娃迷人的歌舞
一任江水殷勲揉搓
千里行吟的披髮

五月今昔

晶　晶

鼓聲鼕鼕　穿過數千年
依然震耳
角黍芬芳　咀嚼幾萬遍
依然留香

昔年江畔　風雲驟起
行吟者問水
問天　問
「忠」為何物

今日溪邊
釣客　食客濟濟廟堂
釣其所好　食其所愛

問哀哀諸公
誰是抱石沉江的烈士

念屈原

王　幻

急驟的鼓聲
以八方風雨之勢
敲碎了起伏的波濤
吶喊出內心的憤怒

一艘並著一艘
這梭形的快舟
在浩淼地汨羅江飛行
舞動的千槳
乃龍的翅膀

競渡之波，隨之
飄起雲中君的錦袍
吟起低徊悱惻的離騷

你為何踟躕江濱
以致懷沙而沉？
是以死明志
或藉東流的沅水湘水
滌淨被謗誣的清白？

每年端午節
用鼓聲招你的魂
以龍舟競賽
激發同仇敵愾的信念

希望有一天
你揮著彩霞的鞭影
駕御雲車鳴騶歸來

一九九三年六月四日修正稿

雄黃酒

麥　穗

幾乎已將石化成琥珀狀的
雄黃酒
僵封著的那條妖艷白蛇
依然在每個艾蒲飄香的季節
悠悠地甦醒過來

就像額際那個
曾經虎虎生威過的「王」字
此刻也會再度浮現

浮現出母親指頭的螺紋
和一股醇烈的酒香

林友月刊上的「端午專輯」，應也是三月詩會成立後，第一回以團體型態在詩壇叢林中「亮劍」，計有藍雲、邱平、一信、文曉村、張朗、金筑、林紹梅、謝輝煌、晶晶、王幻、麥穗，共十一家詩人。

作品之後另有「讀後感」短文多篇，本輯針對藍雲「端節有感」寫出感言有王幻、一信、謝輝煌、邱平、張朗、麥穗、劉菲、林紹梅、金筑，九家詩人。

以上作品後來印成「三月詩會雅集第五輯」（八十二年六月印）。這只是一本小冊子，共二十頁（封面見序前的照片），題「端陽詩懷」爲書名，書背面有屈原像（宋刻離騷插圖）

早期這種作品展示和評論方式，其實是較佳、亦較實在的方式，不僅是口頭討論，也應對同仁作品寫出書面評論。最後再完整的印成一冊，方便保存流通，也較有價值。但後來只有口頭討論、提供建議，不夠充實，謝輝煌曾提出建言，似乎動力不足了！

第十三章 「三月詩會」詩人群在「葡萄園」詩社

「三月詩會」詩人群在「葡萄園」詩刊，可謂最活躍最夯的一群，幾十年來，三月詩會詩人從未間斷在這甜美的園中耕耘、播種，參與收割成果，並分享喜悅。因此，「葡萄園」詩刊社也算是「三月詩人」的大舞台，一個可以盡情揮灑的詩歌大花園。

舉「葡刊」一八一期（二〇〇九年春季號）爲例，照中有詩專輯：麥穗「西洋鏡」、林靜助「風雨歲月知多少」。

寒訊迗喬洪專輯：晶晶「寒訊迗喬洪」、金筑「大雅兮！其萎哲人」。

論文：陳福成，「想起四川老鄉作家詩人們——賞讀傅智祥詩集『拾蚌者之歌』」。

另外創作就更多了，明列如次：

晶　晶，「秋風秋雨」、「屬於詩的」。

許運超，「台北的冬季」、「金融海嘯」。

文　林，「冬之組曲」。

陳福成，「夢中情人」。

傅　予，「螢火蟲的故事」。

王　幻，「笨馬非馬話名駒」。

謝輝煌，「那年……」（封內頁專輯）。

如此這般，數十年來有增無減，三月詩人和葡萄園有著親蜜的夥伴關係，眼見著葡萄園詩刊的成長拙壯，三月詩人們也引以爲榮。畢竟，我們用青春的筆力，參與每一期的耕作。使「健康．明朗．中國」，這塊屬於詩人的園地，在台灣生根、壯大，進而把影響力伸展到全中國，乃至全世界有中國人的地方。也許達爾文（進化論原創者）說對了，「物以類聚」，也許中國老祖宗大智慧，早已有「性相近」之論述。「葡刊」老主編台客乃爲「三月詩會」製作「碧潭專輯」。

爲什甚麼這個「碧潭專輯」值得我再度彰顯？且那天我因另有要公未克出席，但這不重要。重要的是，我初略檢視國內各詩刊，能爲「三月詩會」製作專輯者，葡萄園還是「最老牌權威」（又有在自家花園種花的感覺）。

這個「碧潭專輯」在葡萄園詩刊第一八二期（二〇〇九。夏季號，民九十八年五月十五日）。台客在前言先開場白，把時光列車開回一九九三年，這年三月，年青詩人田湜、王幻、文曉村、晶晶、張朗、藍雲、謝輝煌、劉菲、麥穗等，發起成立「三月詩會」，每月聚餐論詩一回，至今仍未中斷，引爲奇譚。因爲這是一個「無組織的組織」，只有輪值者決定當月詩題和聚會場所。

二〇〇九年三月八日，三月詩會地點設在新店碧潭旁的美麗華春天大飯店。台客老編前來參與盛會，有感於這群詩壇老兵的堅持和執著，特製作三月詩會的「碧潭專輯」，以下按台客編輯順序，全數收錄於下，除再推荐詩人作品外，亦顯台客主編之用心。

三月的請柬

晶晶

把詩挽進三月
青春猶在淡遠的情懷中漫遊
把詩還給青春
三月的活力在初春的美意中舞動
揚柳風輕撫曼拂

無限綠意次第舒展
舉目四望
眼神竟衍化成一枝握筆的手
欣然撰出一紙柬帖
相邀詩會的摯友們
來三月尋詩、碧潭攬勝

茶旗搖曳　在美麗春天的驛站
廣角窗外　白雲踴舞　碧波漾紋
鼓動久蟄的心情
茶堪引醉　醉於春　醉於景
醉於酣暢淋漓的詩情

二〇〇九、三、三

碧潭

徐世澤

碧水綠波輕柔迴旋
紙鳶在半空迎風飄搖
走在吊橋上的行人如織
遊船上的情侶相依偎
水裡遊魚浮出水面聽

涼亭烹茶冒輕煙
遠山近壑的景色
勝似唐寅、張大千的畫
詩情頗若李白、杜甫
讓我沉醉在吟哦裡
留台六十年，憶當年

山壁上的「碧潭」二字鮮艷
而今只能模糊看到
潭水面也緊縮了

二〇〇九、三、二

碧潭的黃昏

潘 皓

像杯紅葡萄酒
朦朦朧朧
不帶有一點兒添加物
卻能跌蕩出
如斯醉人如斯美
當那臥波的長龍
夢幻另索橋
頻頻潑灑湮嵐逕與雲嶺上的

海角紅樓握手
哇竟演為霞蔚虹弧

於是噹噹噹
噹噹噹
這響自寺院的鐘聲啊
則把黃昏
敲成一朵蓮

碧潭的畫冊

王幻

一

一潭碧波
漾起元宵節
春燈說謎的典麗光華
看青山如黛宜詩宜畫

二

結伴同行
踏著虹形吊橋的倒影
俯瞰水面的雲朵
隨風逐流自在飄浮

三

遊艇放歌
將春的組曲譜成漣漪
白鷺似飛躍的音符
比翼水天輕吟漫舞

四

珍重再見；
深情的碧潭
日也悠悠夜也悠悠
只為揮別的一片水袖！

二〇〇九年元宵節後三月於晚吟樓

記憶碧潭吊橋

許運超

第一次騎單車過吊橋
那年我十九歲
之後
幾十個寒暑與它晨昏共渡
有時晨間小立　醉在青山綠水
有時午間徘徊　數著來往的人頭
有時黃昏漫步　聽流水呢喃船影
最近一次扶著欄杆過吊橋
這年我七十歲
然後
走走停停
駐足遠望青山綠水依舊

低頭俯視昔日倩影已杳
粼粼潭水映照著一個白髮老人

二〇〇九、三、四

碧潭印象

麥　穗

岩壁峻峭
擁一泓清澈
長虹臥波
映一潭風景

晨風拂過
輕漪粼粼
搖醒了沉醒的畫舫
林鳥爭鳴中
增添了櫓聲的欸乃

陽光下輕舟飛槳
潭面上碧水濺珠
輕舟穿梭
飄浮著滿潭歡笑的
綠波蕩漾

吊橋上侶影雙雙
踏著柔柔的霞光
營造一個甜蜜的回憶
堤岸邊親子群群
伸手　欲掬起
閃爍在潭中早昇的星星
使人想起匿跡了的香魚
銀鱗閃閃的碧潭之寶

一隻晚歸的白鷺
在月光下低空掠過
拉開夜的序幕
將多采的潭
帶進夢幻般綺麗的
夜晚

二〇〇九、二、十七於烏來山居

碧潭之約

丁 潁

記得也像這麼一個春天
你我相約在此會面
黑裙、白衫，還有
一頭清湯掛麵
妳如出水芙蓉清純

甜甜的微笑，似春花
　　一般燦爛
我們泛舟碧波
　　也曾並肩索橋憑欄
面對青山紅樓，你低低細語
　　溫暖我這異鄉人的心田

如今，我又應約來此
儘管，時光流逝
天干地支一個輪轉
橋還是那個橋
潭還是那個潭
青山紅樓依舊
只是呀！我已兩鬢飛霜
不再是曩昔的慘綠少年

伊人喲！妳是否青春依舊
　　還是昔日紅顏

我一步一步，尋認舊時
　　足跡
但，尋不著昔日的倩影
一切，都如夢，如　煙
　　唉！如夢，如　煙

　　乙丑仲春於台灣

浪漫的碧潭之旅　雪　飛

天空有
長長鋼索的吊橋
滿載著遊客搖搖晃晃
得意、逍遙

水邊有
軟綿綿的浮動橋
讓來往的腳步
體驗一下
不實的感受

在碧綠的水面
天鵝舟
像一群白色天鵝
收起翅膀
只用雙腳槳划行
在潭中閒逛
鯨魚船
像無數鯨魚浮出水面
來回呼吸

新鮮的空氣，品嚐
自由滋味

我倆並肩摟著腰
依戀在白天鵝懷抱
最貼心的雅座
共同踏著浪漫的天鵝舞
舞得碧波蕩漾
寫成了一首最美的詩
織出了我們深愛的
超越的意境

二〇〇九年二月二十二日遊碧潭

兩幅畫
——碧潭二帖

傅 予

一

蔚藍的天空
在夕陽霞光的擁吻下
染紅了一潭碧水
讓太陽在潭邊
喝了一晌下午茶

二

仲秋的月亮
在午夜星光的伴奏下
迷醉了多少情侶，依偎橋旁
聽嫦娥在廣寒宮
唱了一首天籟之歌

碧潭

台客

一潭幽碧的河水
水面上天鵝船
三三兩兩倘徉

還有半座青山
還有一塊巨石
還有一條
古色古香的吊橋

猶記當年偕伊
相約潭面泛舟
卿卿我我的往事

燕子

童佑華

——碧潭憶往

春將龜縮的隆冬狠狠地一腳
踹進了潭水的最深層
四月花黃　那年
祖孫三代潭上泛舟
父子聯聲　一闋
「夏天過海洋」——
將整潭的流水由渾濁唱到清澈鑑人
再從悠然的碧綠潛進西湖的柳浪聞鶯
遂引得山隈枝頭群鴉應聲聒噪
我家甫讀小四的孫女在舷尾噘著小嘴
嫌她俊爸、老醜爺爺粗厲嗓音嚇壞了
魚兒　不敢消遙浮游

歌聲猶在耳邊縈繞　不旋踵間
淘氣小四的黃毛丫頭
她已以百米的速度　一逕
闖入了T大黌宮　當了新鮮人

潭上乍現
二三燕子　梭空翦翅逐水蹁躚
匆匆北來南返
再回頭得等到明年的
春天

九八、三、三、初稿

碧巖

謝輝煌

送走溜鈎的浪裡白條
鐵拳一握

舉起吊橋
向蒼穹
拉個滿弓
射下一潭星芒
點亮萬家燈火
一朵雲　自月邊雲遊而來
走走停停
學步過函關的老人
一個不愁無廟的和尚
總不忘
「水深危險」的警語
依舊靜坐巖邊
敲出一潭暮鼓的饗宴

註：台北東郊的碧潭，是名勝景點之一。潭邊海藏寺開山住持，俗籍湖北隨邑南鄉楊家村的清嚴和尚，於一九七〇年三月廿五日坐龕寂滅。六年後開缸，肉身不壞，曾轟

動一時。僧俗尊稱為「肉身菩薩」。清嚴也是脈出臨濟，與剛圓寂的聖嚴法師同門。惟志在清修，生前僅有小型佛像數尊，日用簡單法器數件，小瓦房三間，和「不愁無廟，但愁無道」的八字真言。

二〇〇九、二、九

以上收晶晶、徐世澤、潘皓、王幻、許運超、麥穗、丁潁、雪飛、傅予、童佑華、謝輝煌及台客，共十二家詩人作品。按此時（三月詩會二〇〇九年通訊錄），三月詩會有成員十八人，金筑、關雲、陳福成、林靜助、蔡信昌、一信、文林等七位未克出席，是美中不足。但分毫不減「碧潭盛會」的歷史意義和價值。

賞讚碧潭展示的十二家詩人，各顯詩風，更勝於平時聚會提報之作品，或許大家知道要上「戰場」，乃各自使出看家本領。晶晶「把詩挽進三月」，徐世澤「而今只能模糊看到／潭水面也緊縮了」，潘皓「則把黃昏／敲成一朵蓮華」等等，無不意象鮮明，詩意深厚，都是個人對生命體驗詩化寫意。

值得一提的，是當了一日三月詩人的台客，他那首十行的「碧潭」短詩，後來有香港作曲家陳年芳先生譜曲，照錄如下（葡萄園詩刊一八三期，二〇〇九、秋）：

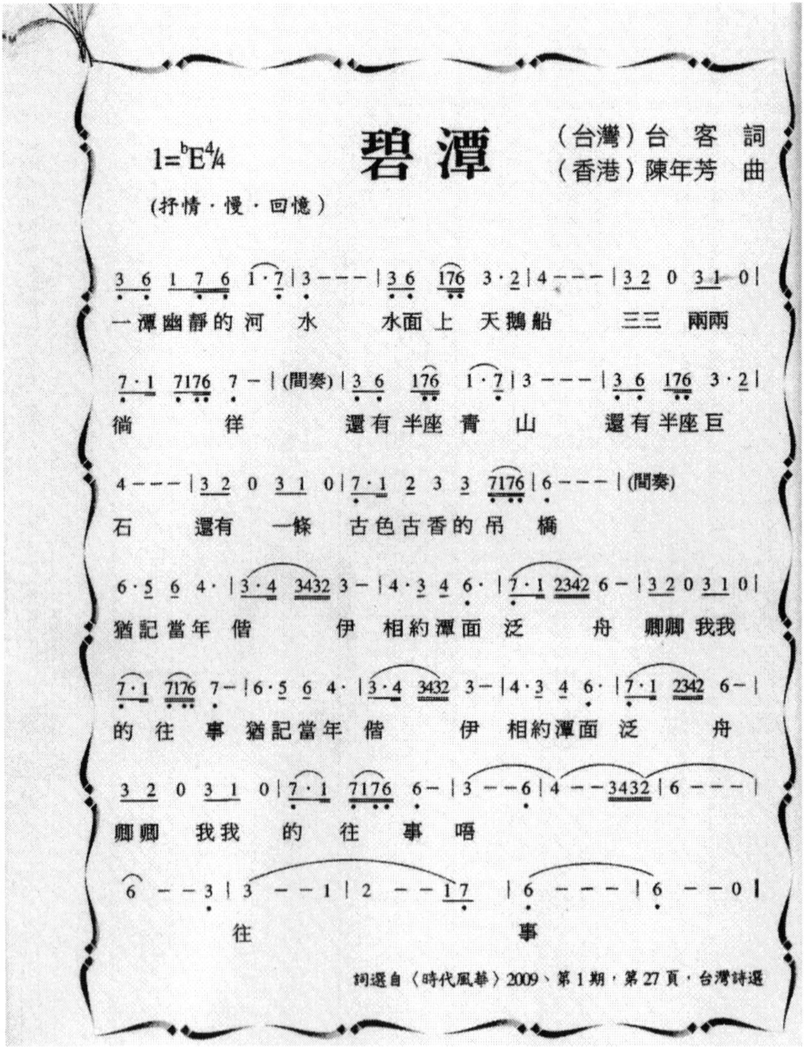
碧潭
(台灣)台客 詞
(香港)陳年芳 曲
1=♭E 4/4
(抒情・慢・回憶)
一潭幽靜的河 水 水面上 天鵝船 三三 兩兩
徜 徉 (間奏) 還有半座青 山 還有半座巨
石 還有 一條 古色古香的吊 橋 (間奏)
猶記當年 偕 伊 相約潭面 泛 舟 卿卿 我我
的 往 事 猶記當年 偕 伊 相約潭面 泛 舟
卿卿 我我 的 往 事 唔
往 事
詞選自〈時代風華〉2009、第1期，第27頁，台灣詩選

「碧潭」一曲$^{\flat}$E（降E調），節拍四分之四，降E調的四個吉他固定和弦是：

$^{\flat}$E（1.3.5）$^{\flat}$A（4.6.1）

$^{\flat}$B（5.7.2）$^{\flat}B_7$（5.7.2.4）

或可簡易用CAPO（一種吉他專用移調夾），夾吉他板面第三格位，彈C調指法（用C.F.G7.Am.Dm.E7），也算是簡易的$^{\flat}$E（降E調）

因筆者喜愛彈吉他，詩歌本來不分家，我也常帶吉他參加三月詩會，與詩人們同樂。別小看有些「七老八十」，樂起來也是High翻天的，喜歡唱歌者，可試「碧潭」一曲，定有獨到的「台客風」。

「三月詩會」與「葡萄園」的關係，還可以從葡萄園詩社的組織架構看，不久前才仙逝的王碧儀、周煥武和文曉村老師等，他們是葡萄園詩社數十年「忠誠的園丁」，也同時是三月詩會到會率極高的成員（參另篇統計資料）。就以葡萄園最近一期（一八五期，二〇一〇年春季號）檢視，仍是可觀的：

社　　長：金筑。

社務委員：晶晶、許運超、林文俊（文林）、陳福成、林靜助。

榮 譽 戶：許運超、謝輝煌、劉自亮（晶晶）、陳福成、文林。

贊助訂戶：孫健吾（雪飛）、楊華康（麥穗）、汪桃源（關雲）。

由前面三月詩會多數成員在葡刊的「掛牌」；或反之，葡刊成員對三月詩會的參與，均可見這「兩個陣營」間的信任度和忠誠度極高，實在是當代文壇的佳話美談，我於有榮焉。

第十四章 三月詩會詩人在「宇宙」雜誌

「宇宙月刊」，民國廿三年創刊於香港，六十九年九月二十日在台灣發行，中間可能又有停刊。爲三月詩會詩人製專輯，在第十六、十七期合刊本（民八十三年九月一日出版）。

「宇宙」這期的社論是林紹梅主筆，題目「天・長・地・久——慶祝中國民主社會黨黨慶」，開宗明義標示「八月十五日是中國民主社會黨創黨第六十三周年黨慶……緬懷本黨創黨人張君勱先生……」吾人又發現，林紹梅這位三月詩會創會元老，不但是中國民主社會黨黨員，也是該黨中央委員會秘書長。該黨與國民黨都追求中國之終極統一、強大，其屬性一致，也應是林紹梅的基本屬性之一。「宇宙月刊」屬於中國民主社會黨台北市黨部刊物。

當時的宇宙月刊（十六、十七期出刊時），發行人郭定常、社長高耀輝，林紹梅也是重要人物（否則不能爲社論主筆）。這期重要文章還有楊華康（麥穗），一篇「東京印象」，是他應邀到日本訪問的心得，其他有評論、論著、文學等，爲綜合性雜誌。

這期的「三月詩會」八月雅集，雜誌編者記述在台北市衡陽路三十二號二樓秀苑舉行。本次詩題「詩人」，每位詩人的表現手法各不相同，各具特色，本刊特予全部發表，以饗讀者。並祝賀第十五屆世界詩人大會在台北舉行。

追懷詩人史事，本書亦將這期宇宙月刊的三月詩會專輯，各詩人作品一併選錄，用窺詩人們一路走來，每一足跡跫音之芳香，不因時間流失而消色變淡。

傳聞

——給一個愛詩的女孩

邱平

知悉妳不遠萬里來
我不禁莞爾
這可真是「禮失而求諸野」了
莫非這
美麗之島新潮的浪腳
果然「超英趕美」、跨越了「後現代」
或許、妳是冀望一見
那華夏文明的盛世已否再現之於
今日的台灣吧
看妳安坐聆聽的神情
使那些高吟朗誦、悲歌慷慨的
千丈白髮們

都、飄雪般的飛揚起來了
至此、想必妳已見識
二十世紀九十年代的李白、杜甫
孟浩然、王維……甚至那
能招月驅雲、破石驚天的
李賀

妳的眼睛在作詩
所以那些詩句都好藍、好幽深
像李商隱耽溺過的滄海
有兩片迷失在季節中的霜葉
僅飄零到了妳的唇角
便不支的醉倒了
而一個顯然未曾躲好的迷藏
則靜靜地、等在那兒

其實，真正砰然之於我的心上的
還是有關那
綠珠仙子的芳魂，如何快樂之
轉世去了美洲的
古早的傳聞

一九九四年七月於台北

杜甫吟

王　幻

——入門聞號咷，幼子餓已卒

以詩句拼出你的
風貌、風格和風骨
只是生不逢時
官授左拾遺的閒職
幼子於天寶之亂
餓死在逃亡的末路

用聲韻痲醉
內心的哀泣
漫將詩草吟嘔
一株還魂艸
深盼夜夜夢裡
他唱著兒歌，騎著竹馬
自黑色的世界復活

你的三吏三別
為膾炙人口的傑作
秋興八首的調藻優美
但比起「兵車行」
似乎音律太細
未臻淋漓盡致

而今重讀
車轔轔與馬蕭蕭
彷彿自心頭響起
安祿山侵犯長安的鼙鼓
揭開馬嵬坡
悲劇的序幕

一代帝王將相
豪門貴族
都在歷史的洪河
泡沫的冒出瞬即湮沒
何及你的詩章
永恆煥發
耀目的光華

一九九四年七月十九日

釀

晶　晶

慣於把某種不成熟
亦不成形的悸動
推入心靈的煉爐
一如把高粱倒進酒甑
去發酵　蒸餾
釀出來的　往往是
自認為可口的瓊漿

執看　是一盞不熄的燈
傻傻的點著
痴痴的亮著
而青春是大把大把
苦熬滴滴心血

嘔瀝出來的
竟然是一種風格
一片景緻　以及
一身傲骨

一九九四、八、三

一個叫詩人的人　藍　雲

你認識一個叫詩人的人嗎？
他的特徵有：
頭　比地球大
眼　明如月亮與日頭
眉　雙劍橫掃天下
鼻　一峰昂然而小宇宙
耳　八方風雷先知
口　大江長河的源流

他乃一非怪物的怪物
　集無數矛盾於一身
有孩童的天真
　獅子的精神
有戰士的意志
　鴿子的溫馴
有宗教家的心胸
　啄木鳥的深沈
是鄰居的笑料
　少女們心儀的鳳麟
是風　是火
　始終渴望擺脫一切羈絆的雲
是永遠不願被泥土囚禁的種子
一個在夢中都在歌唱的靈魂

瓢

謝輝煌

——給詩人

非木
非瓜
也不是
銅鋁塑膠
你
只是
一隻瓢

瓢千江水
瓢萬古月
江水依舊東流
古月依舊圓缺

你
還是
一隻瓢

八十三年七月望日

詩人畫像

汪洋萍

眼睛長在額上
喜歡綯眉頭
鼻子尖
耳朵長
腦殼大
四肢不怎麼發達
常作白日夢
醒來還在說夢話

對人情世故
別有一番詮釋
七情六欲
都長了翅膀

既癡
又癲
也狂
就是跟別人不一樣

詩人底畫像

劉建化

你以洗練簡潔的字眼
在沙礫裡節檢出的晶體
光射時代的前端
誘惑著世人的嚮往與心迷

并以含蓄聯想的語句
在礦石中開採的鑽石
照明那社會的暗面
閃鑠著讀者的慕切與醉痴

你且以醒世的箴言
　恬淡的禪語
混雜在那篇篇創作中
　暗喻詩意裡
任憑處於生活絕望的時刻
卻總是表現出貧賤不移的風貌
　威武不屈的姿態
時時不忘揚櫫真理的精義

民國八十三年七月八日於新店

詩人論

文曉村

兩千多年來
中國人一直忘不掉屈原
那是我們的心口
也一直壓著那塊石頭

被猷為詩聖的
並非真的就是聖人
被譽為詩仙的
並非真的就是神仙
被稱為詩佛的
也不是真的佛陀
他們只是可愛的詩人

倒霉的李賀
和法國的波特萊爾
一個被叫做詩鬼
一個被罵成邪惡的象徵
他們不曾抗議

其實，任何稱謂
都沒有什麼關係
集瘋子狂人之大成
可能　是一種難得的榮譽
他們可是謊言的設計者
他們的企圖
無非博得拆穿者的
一笑

而我　寧願
他們是植物園裡的
歌鳥

一九九四年八月一日

詩人與詩景

劉　菲

揭開惟幕
紅黃藍綠
紫黑橘白
數不盡詩色大觀
讀不完詩園風景
現代人加現代詩
築成詩邦大宇宙
立廟

結幫
封侯
伐異
冠冕受之　鐘鼓樂之
詩王詩霸詩魔
牧民無民
子兮來歸
其聲淒寂

詩人

張朗

走過歲月
走過生老病死
都是過客

走過愛情
走過悲歡離合
都是過客

走過奮鬥
走過成敗榮辱
都是過客

一路走著
一路高唱自己的歌
我是詩人

詩境

金筑

悠游似風流動
閒散似雲影飄忽

蓬勃的感情
是地心湧出來的靈光
在午夜光輝烈烈
心靈美如上帝的傑作
思維奇異　幻變多元的風貌
意象中的神采　有特殊的架構
生發新的秩序

在物我超然
與錯綜雜亂的現實中
常展示
另一新的視景

一九九四、八、五

宋朝的一個詩人

一信

攬不住唐朝的詩
創不出新韻的詞
寫詩　寫詩……
詩卻是一頭怪獸
咬齧他　吙噬他

大江東去
浪淘盡千古風流人物
他　非蘇軾
乃浪中人
也欲風流

在詩路上

撿拾詩的殘肢
被屍毒所染　病重
垂死
無血無肉無骨
且未見詩　未識詩

現代詩人群像

麥　穗

有人喜歡關起門來
用咖啡　音樂　美酒
誘惑靈感
像捕蝶人躲在樹叢裡
遍灑甜甜的糖蜜
誘捕高飛低翔的彩蝶
然後　將牠們一一捏斃
製造一隻隻失去生命的

美麗
有人專門收集世間的唯美
把它們七拼八湊地
鬥在一起
然後　揉揉搓搓
搓捏出一團
混濁複雜的色彩
描繪一幅
炫目得連自己都理不清所以的
圖案
也有人刻意用吃奶的氣力
以原始而帶著獸性的邪氣
夢囈般高唱著
自我陶醉又自以為是的
新潮　超時代

更有人拼著老命
用語不驚人死不甘的字眼
指揮鉛字排隊　操練
擠在隊伍前面
喊著千遍一律的口令
無非是想維護那
權威的假象

一九九四、八、二、晚

帶淚的歌　林紹梅

路樹在安全島上
搖頭嘆息
詩人慵懶地
斜靠在情人椅
看落日

馬路上遊行抗議的
人潮還未退盡
社會被弄成
昏頭轉向
有朝，憤怒的
路樹也上
街頭去反抗議
詩人的願望是
帶淚的歌

一九九四、七、十三

雙姝怨六章 有序

林恭祖

毋戌之夏，六月望後二日，臺北市第一女子中學高二學生石濟雅、林青慧，在蘇澳金都旅社，相偕自殺棄世。噩耗傳來，親朋師友暨各界人士，莫不爲其傷心而涕下。二生品學兼優，皆爲數理資優班之高才生，正在臺大培訓。石生素性開朗，參與社團活動，甚活躍。藝術天分高，精通音樂，爲弦樂社合唱團指揮，亦吉他社之能手。近讀尼采書，涉及範疇之學。林生文靜樂觀。身高，好籃球，被尊爲籃球聖手。聰穎有才辯，又被譽爲校園最佳之辯士。二生情甚篤，常促膝傾談，以娛心志。遇有疑惑，輒辯詰終日而不倦。其他同學偶亦在座諦聽，未聞有厭世之言。今既拋擲青衿，共蹈不歸之路，必有難解之隱憂也。觀其遺書云：「走上此路，係經長時思考之決定。使困於吾心者，非常人所想像之挫或壓力，而是社會生存之本質不適於我輩。」又云：「人生甚苦！每日生活，皆感不易，而經常陷入無法自拔自暴自棄之境地。」此怵惕惻隱之言，竟出於觿年之口，非玩?老饕之徒可喻而知也。嗟夫！歎人世之險戲，傷曇花之易謝！因感賦此，藉表哀悼！

為讀遺書涕欲流，蒼生總抱杞人憂。千山落月無孤影，兩樹飛花共一丘。

木鐸含悲聲邈邈，婺星躔逝恨悠悠。左思嬌女今安在？風捲長波萬疊愁。

社會生存竟若何？本搖質變惑尤多。鵾鶵有喙喧清廟，科斗忘形跳濁波。

搖筆也曾思吐鳳，挑燈何忍看飛蛾。青衿拋擲漂滄海，師友傷心哭當歌。

合唱團中第一人，曾憑妙手起陽春。鸞謳數曲驚風雨，鳳吹三聲泣鬼神。
休止音符成絕響，縱橫涕淚倍酸辛。古來才女多悲憤，誰向文姬問後身？

雄辯滔滔道韞風，廣長舌競大江東。笑談曾使花增色，趨步應知影不空。
滾滾籃球懷聖手，棲棲木宿怨蒼穹。遙憐老弱填溝壑，天上人間一哭同。

造化從來不忌才，聖問常為世人開。女媧煉石雲開路，阿姆登天月作臺。
縱有疾雷須掩耳，如非枹鼓莫銜枚。何堪結伴追魑魅？辜負慈娘十月胎。

西子未曾蒙不潔，路人焉可妄平章？芄蘭拗折天悲惻，蠟芯燒殘地慟傷。
莫怪口中無智齒，應緣腹內有愁腸。形骸今已成灰燼，淚向黃昏滴夕陽。

註：林恭祖有兩篇，選其一者。

第十五章　「三月詩會」在世界論壇報

在「遠望」雜誌第二五六期（二〇一〇年元月號），有「世界論壇報」一則廣告（如下），世界論壇報是啥報？絕大多數人沒聽過，因爲它實在是一家「小店」，但「圈內人」一定知道。

「遠望」雜誌又是啥玩意！絕大多數人也是「莫宰羊」，因爲它也是一家「小店」，但「圈內人」也一定知道。

我說「小店」，是一種相對概念，與聯合報或天下雜誌比起來是小店，但小店有小店的理想、理念，小店也有他們堅持春秋大業。所以，這兩家小店値得爲他們做廣告（基本資料均列如下）。

這兩家小店有些關係（看基本資料），廖天欣先生是「遠望」的社長，也是世界論壇報的發行人。而論與三月詩會的關係，世界論壇報較密切，遠望則近乎無（三月詩會

同仁中只有我和丁潁是遠望的社委）。所以，遠望雜誌在此不多論述，針對世界論壇報與三月詩會多做探討。

三月詩會同仁與世界論壇報的緣份，源於早年的劉菲和後來的王幻長期主編世界論壇報的「世界詩壇」。早在三月詩會成立的第三年，一九九五年七月廿二日，世界論壇報「世界詩葉」創刊第一百期慶祝茶會，三月詩會同仁應邀出席，當時出席同仁有麥穗、林恭祖、關雲、莫野（李彥鳳）、晶晶、謝輝煌、張朗、王幻、劉菲（劉文福）、劉建化、邱平（盧克其）、一信、金筑，共十三位，詩會同仁幾全到場。因此之故，國內各報紙能爲三月詩會製作專輯者，亦只有世界論壇報了。以下把三月詩會同仁作品在世界論壇報的專輯，擇兩期全刊介紹。

創辦人 段宏俊　總 裁 何謀云
中華郵政2792號登記爲二類新聞紙
行政院新聞局局版台組字第〇〇七三號
世界論壇報
名譽董事長 陸[illegible]
名譽副董事長 黃德來
中華民國七十七年七月四日創刊
今日四大版 零售每份十五元
發 行 人：廖 天 欣
社 長：段 興 華
第〇〇七四〇一號
社 址：台北[illegible]路一段43號2樓
編輯部：新店市寶中路78號3樓
電話
總 機：02-29158193
編輯部：02-29142681
訂報組：02-29158174
廣告組：02-29156557
傳 真：02-29159400
02-29159144
E-mail:World.tribune@msa.hinet.net

「世界詩壇」第一七三期（民九十九年三月十一日），三月詩會專刊。本期主題是「老人」，同年二月六日先在「真北平」餐廳聚會，各人朗讀詩作並接受講評討論。

近作四首

金　筑

小金門的教堂

存在就是肯定
歲月的隙縫
砲火　槍彈　以及
心邊的顫慄
拉拔
天庭的氣度

貝殼

那天　走上
沙灘

貝殼都在叫我的名字
唉！
我多年的心事
全被它們偷聽了

步槍

肩著　扛著
沉沉靜靜似有所圖
想著生命不再成長
是起點終點
命運就是如此
準星板機一體
誰選擇誰

飢餓了

古人有畫餅充飢之說
的確是個好主意
許多年前
一些學生
可能不會畫餅之術
天天上街
反　飢餓
真的　他們餓了？

二〇〇九・八・二十一

老人記事（外一首）

許　運　超

春天
把夢寫在花瓣上
寄給燕子

夏天把熱情委託涼風
還給太陽燒掉

秋天
把楓葉交給月光
呈給月亮紀念

冬天
把頭髮掛在樹梢上打霜
留給冰雪收藏

老人茶

客廳裡
一個人在喝茶
喝著喝著
將一杯一杯的寂寞灌入詩腸

屋簷下
三個人在泡茶
泡著泡著
把一壺一壺的青春泡淡

河灘茶棚內
五個人在喫茶
喫著喫著
把太陽喫下還要喫上月亮

山頂茶座上
七個在飲茶
飲著飲著
聊了一千多年的話

二〇一〇、一、十二

老人

丁穎

西風・殘陽
暮色裡，一個傴僂的
身影，踽踽涼涼
蹣跚的走在黃昏路上
如風中殘燭在搖晃

目茫茫，髮蒼蒼
皺紋織成的臉
寫滿歲月的風霜
一切事物，都不再
使他與趣激昂
人間百態
他都視若平常

看著天邊的雲霞
也不再有當年的綺想
沒有未來，沒有希望
回憶是他惟有的慰安
偶而，一聲嘆息
道盡人世的滄桑

（九九年於台灣文化城夢痕齋）

老人的路（外一首）

一信

走過幼苗茁長的路
走過枝強葉茂繁花盛開的路
也走過瓜熟蒂落的路
如今　走到枝枯葉黃之路
驀回首　見

彌勒佛挺著大肚
拈一片枯葉朗笑
與老人攜手走未竟之路

人老　老人

一隻腳踏空間　一隻腳踏時間
久了　時空間流走　乃
兩腳踏空

踏空　凌空而踏而墜
再臨風臨詩而升　而升逝
升逝　乃因

人老了　老人了　且
老得不能再老了

老人與土樓

麥 穗

土樓 像一隻隻的鳥籠
放置在山坳裡
千百年來籠子裡的鳥兒
只知道禦外侮
從未想過外出

鳥群 仰望著籠外的青天
看白雲來來往往
卻未曾帶給他們
天外還有青天
山外還有無數高山的
訊息

鳥兒們的歲月
就這樣在籠與籠之間
隨春花秋月逝去
雛鳥始終離不了巢
一代代圍著祖堂
在籠中成長
堅守著土樓

他們做夢也沒有想到
籠子的門居然敞開了
飛進來一群群金絲彩羽
從未見過的各式各樣同類
老鳥們興奮得張開了翅膀
也想飛出去瞧一瞧
那籠外的另一片青天

展開翅翼
才發現翅僵膀硬
力已不能從心
終究　祇能繼續坐守籠中
做一個異樣眼光下
被觀賞的老鳥

二〇一〇、一、六晨於泉州參觀南靖土樓後

秋晚

謝輝煌

一隻歸鳥撲翅飛過
抖落一片晚霞
彩亮秋窗的黃昏
失去了半壁江山的老牙
笑看骨質疏鬆的夕陽
一跤跌進門前的水溝

他猛然記起
祖父的青花瓷碗
也是在過水溝時跌破
他警告自己
老伴不在了
一切要靠自己
出門要帶錢包、鑰匙和拐杖
上下樓梯要抓住扶手
年輕時走過的路
能走就走幾步
不能走就把它忘記

九十九、一、二得題後作

老者心語錄

潘　皓

之一

老，最搶眼
就是那
雲端的雪花翩躚

老，就是老了
倘若能以
黃昏那蒙朧的煙嵐美學
仍可雕鑿些
跨越時空的經典

之二

老，當益壯
但不可

把這款想入非非

老，就是老了
同時也是
從自然世界邁向超自然
世界一個行
將歸零的大輪迴

之三

老，就讓那
落日的
餘暉化作流蘇吧

老，就是老了
在面對著
夕陽無限好的那一剎那

應濺起微笑
揮灑出漫天彩霞

二〇一〇年二月二日 於台北哲思工作室

送你一盆長春花 雪 飛

——一份後現代的老人哲學

青年的，我就
寫過一首《老人》的詩
那白髮蒼蒼的老人
深夜在橋上徘徊
尋找童年、少年，青年的美好回憶
也想尋找一個新的希望
但當時橋下的流水
卻使他失望了

今天，我已擁有
一枝老人的筆，我要
從另類意識
提供一份老人的筆，我要
從另類意識
提供一份後現代的老人哲學
來送你一盆長春花
祝福你永不衰老而健康

長春花，不是
富貴的牡丹
它只是一盆平民化的草花
但它花期長，生性強健耐旱、耐貧瘠……
每天都戴上「日日春」的桂冠
張開五瓣的香唇歡笑

來迎接你的欣賞
讓你活得更長久、愉快

長春花的生命
已展現出花朵鮮豔
有純白和由淡至濃的紅紫色美貌
更有紅瓣紫心、紅瓣白心、白瓣紅心
各種含蓄的內在美
尤其珍貴的，是那發自
雌蕊和雄蕊彼此溫柔的愛
結出了細長的愛之莢果
有愛、有美，這就是
長春花不老的哲學

人類的生命

亦如長春花不能缺少愛與美
愛在大腦裡，美在生活中
是人之一生都必需的生命營養
尤其到了老年
更需要愛與美的陪伴
這歸類後現代的一老人哲學
發於愛，成於美
是人類最高貴的品格
人人都可擁有
人人都有機會享受

二〇一〇年一月二十二日晚

老人之歌

晶晶

歲月催人
不老也不行

這一代的老人　生於憂患
經過戰火洗禮　受盡苦難
熬得個還算過得去的晚年

往事已矣　不必回首
平時雖無兒孫繞膝
病痛尚有外勞扶持
只要坦然面對平凡
何處不是桃花源

出門逛逛　看戲坐車　優待五折
一年半載錢來也
與之所至　哈哈詩　一揮而就
仰天一嘯　唱唱歌　五音不全

笑也由他　讚也由他
癡點　狂點　又何妨

郊外走走
碧外青山　賞心悅目
清風白雲　悠然自得
觀日出以自娛　飲月色而酩酊
一覺好眠　日上三竿自然醒
飛鴿傳一線　三月老友詩酒茶

繽紛之後必然凋零
來如夢　去似幻
人生百年如雲煙
瀟瀟灑灑走一遍
生而如斯　何愁之有？

二〇一〇、一、十五

寒江獨釣

童佑華

人老 心不老
（這是一則經得起風霜的人生啓示）
何必說老
我以喑啞的破嗓子高歌山塔露西亞
我以溫柔的筆觸譜寫人間小詩
我以榮寶齋的大狼毫「獨釣寒江雪」
如果你正步入七十八十也不必認為
每個人都具足活出陽光生命的
一方田地（須自己用心墾拓）
看看郝柏村將軍九二高齡
一個星期當中兩天揮桿高爾夫
兩天「站在城樓觀山景」
兩天學作快活水中蛟龍

他哪裏還有閒暇時間去
老？
用手抓飯吃的印度聖雄甘地
更不是一盞省油的燈
他曾對自己說：
好好掌握生命
哪怕明天就會面對死亡
（Live as, If you were fo die Tomorrow）

九十九年元月十日初稿

一個可憐的老人

陳福成

一個可憐的老人
終日遊走於十字路口
賴著國家吃香喝辣，享盡榮華富貴
還找不到進入國門的路

到處向人打聽：靖國神社入門在哪裡？
他日好安頓亡靈

看來只有歷史是公平的
五千年中華億萬子民擔任最法官
在春秋大義面前，他，只是一個漢奸
一個迷戀東洋右派鬼子的老蕃癲
在列祖列宗面前，他，只是一個孽子
一個失智、失能、中風又得思想癌的
可憐老人

二〇一〇年二月六日

以上選錄金筑、許運超、丁穎、一信、麥穗、謝輝煌、潘皓、雲飛、晶晶、童佑華、陳福成，共十一家作品。三月詩會雖每月由輪值人出題目，但並未強制必須依題作詩，但通常都會尊守題目的範圍。而不論講評或討論，也只是提供作者參考。再看「世界詩壇」第一七四期（民九十九年三月二十五日），三月詩會專輯：

迎新春喝老酒

麥　穗

春是新春
酒是老酒
滿座老友
吟唱新作
高談闊論
歡度人間美好時光

管他股市翻盤
任他選戰成敗
咱們舉杯
咱們高歌
美酒當前　乾杯啦！
享受人生難得一醉

二〇一〇、二、十六　庚寅正月初三於烏來山居附記：三月詩會於一九九三年三月由林紹梅、田湜、王幻、文曉村、藍雲、張朗、劉菲、謝輝煌、晶晶、邱平、麥穗等十一年創立，至今（二〇一〇）年三月已歷時十七個年頭。每月第一個周六雅聚，從未中斷，本(三)月份第二二二次雅聚，輪由創會同仁謝輝煌兄當值，假台北市「真北平餐廳」雅聚，時值庚寅新春，特以「春酒」為題共吟，暢飲論詩之餘，有感於漫漫十七年後，新舊同仁進進出出，目前仍有十八位詩友參與，令人感動，特誌以留念。

最美的文化習俗

雪 飛

沉悶的冬過去了
春帶著新的希望來臨
家家戶戶打掃
貼春聯、祭祖、放鞭炮
來迎春接福

在春節的美好日子

除了拜年之聲此起彼落
更有愛的熱情，美的佳餚
相互請喝「春酒」再加上舞龍、舞獅來助興
這是中華文化特有習俗

喝「春酒」時
年老長輩滿臉笑容
年輕的姑娘
打扮得特別漂亮
猜拳、歌唱，自由自在
可充分自我表現

春節過完了
元宵夜吃湯圓象徵圓滿
各地更有送別的煙火

如噴泉、如瀑布，多采多姿
在天空載歌載舞……

二〇一〇年三月三日

春酒

潘　皓

像這種以古早味
納入迎春的
饗宴用來作為圍爐搏詩取暖
該是一場嘯傲
為重溫民俗史乘而
引吭高歌
那麼就以
呼乾啦之豪放
醉吧

酩酊吧

於是，忽隨風
縱身雲端
鳥瞰陽明花海，即令
不能媲美醉聖李白之悠然暢寄
但總可藉由那
飄逸超脫而把彼此
惺忪的醉眼
閃爍為璀璨星空

二〇一〇年二月二十八日於台北哲思工作室

春酒　丁穎

斟滿綠螘留春住（註）
春卻悄悄溜走

料峭東風裡
且舉杯，暖暖心頭

春酒，春酒
既澆愁，亦解憂
是一種特大文化
人間溫馨的交流

春酒，春酒
曲水流觴
低吟淺唱
高雅應酬

今日何日
一醉方休

註：「綠螘」酒的別名。

（庚寅年元宵於台灣文化城夢痕齋）

春酒後中風

徐世澤

吃春酒是賞心樂事
卻引來意外災難的陰霾

一位表情木僵的臉龐
鼻腔放入鼻餵管
脖子旁注射看中央靜脈導管
經過五小時的手術
清除腦部血栓
仍昏迷像植物一樣的
躺在病床上

愛女在他耳邊輕喚
「徐叔叔來看您了」

我撫摸他的微涼手心
他自發性睜開雙眼看我
右手可提一點點
只是無法說出人名

太太和女兒輪番喚他
助他恢復記憶
醫師說：「他復健會好」
家屬在痛苦的深淵中
綻放希望之光

二〇一〇年三月六日

嗨！來喝春酒　一信

春從天際來　酒乃地下釀
天地相合　妙啊　來飲春酒

邀龍虎來宴春酒
他們隨身帶來
滿天雲瀚　遍地風聲

邀一群鳥來宴春酒
他們有高鳴　有鶯啼　有呢喃……
有的自稱麻雀　烏鴉　黃鸝　有的自號蒼鷹大鵬

邀一群忠誠良犬來宴春酒　雖醉了
仍然對主人及善良者釋善桿衛
對行動詭異或兇惡者大聲吼叫撲咬

邀一群牛來宴春酒　他們
雖然堅苦辛勞　卻無怨無愧開懷大嚼
而且不挑食　不擺架子

有一群老鼠來喝春酒
他們悄悄地來　挑食揀好用餐
並打包帶走供眷屬子孫享用

邀一群……邀了很多族群宴春酒
當然　一定要與詩友們來浮大白宴春

春酒

晶晶

把春節的尾聲　重新加熱
在三月的饗宴
我們以詩下酒
讓詩中有酒　酒中有詩
乾杯　醉語無忌　暢敘衷情
拂去心上一年的積垢

除舊佈新
把日子還原成一縷透明的香醇
那管窗外的藍天綠地
是雨　是晴

歲月是圓
總是循著人年輪的軌跡劃圈
生命是線
總是留下難以回首的遺憾
走在四分之三的道路上
有詩酒相伴　足矣
飲盡此杯　醉吧……
歸來
把酒還給太白
把詩還給唐人

春正在枝頭含笑招手

二〇一〇年三月二日於渴望居

春酒女兒紅

王 幻

春是相戀的季節
只須春風一度
花在懷孕
鳥在懷孕
蜂蜂蝶蝶耳語傳播
花鳥的喜訊……

為躲避春的誘惑
懷春的少女
隱於群芳叢中
但在有色的瞳孔裡

每一朵花，都似
她的面頰

這嫣紅的花色
這粉紅的臉色
釀出嬉春的女兒紅
酒香四溢垂涎欲滴
漫飲則醉
未飲亦醉！

（庚寅立春於晚吟樓）

醉春

謝輝煌

燕子又來打造過客的新房
糯米兒搖身一變
雪白的玉體

情趣得軟綿綿水噹噹
春風偷偷一吻
香滿小樓的書房

來來來
夜光小杯解不了濃饞
景德鎮會唱歌的瓷碗身快點來
一碗醉　兩碗醉　三碗還是醉
醉在桃李春風的懷裡
管他閻王老子幾時來

九十九年二月七日作

星子

關　雲

遙望孤星
瘦瘦的波光蕩漾起

悠悠漣漪
把我湛藍的思
以色紙疊成星狀
疊成詩　詞　歌　賦

眉壽　童佑華

——詩「幽風」十月穫稻為此春酒以介眉壽

何方
飄來一陣陣濃醇酒香
在林間與風捉迷藏
直逗得群鴉
（白頭翁、鷓鴣、八哥）甚至
小麻雀　都在醉言醉言辯論
除夕夜誰家的焰火
放得最是美麗繁華

喜鵲大嗓門兒一清早還在喳呼
前回一〇一為啥放了又停
停了　又放

歲次庚寅
虎虎生風
福處生豐
今兒民國九十九年三月六日（月之第一個周末）
琉璃杯盞舉胸前
新春頭上
賀禧一聲
咱三月詩會諸位大詩家：
「萬壽無疆」詩思不絕
喜樂年年

飲春酒

蔡信昌

來來趁那花燈繽紛時節
飲一杯青春年代
喝一口熱血滿腔英豪
來來趕那春華滿心飛舞
飲一杯青壯時光
喝一口悟道豁達胸懷
來來詩友揮別俗世
暢飲人生旅程
笑歌纏綿悲歡離合

二〇一〇年三月五日至六日初稿

春酒（外一首）　許運超

管他初一　十五
管他三五好友　四六親戚
新春裡來來往往都貴客
擺上一壺酒　猜三度四
不理輸贏不設鰲頭
這杯酒　喝下去
就見詩章

酒甕子

我說的是實情不是誇你的酒量好
你那富態的寬肚子
裝得滿滿的佳釀
在罏上似坐似蹲
好大的一張臉倒個春字

想起水滸裡梁山漢子魯和尚
喜歡舉起它對著嘴
往喉嚨裡咕嚕咕嚕的
春酒　春酒

二〇一〇年三月一日

春節，有些醉　陳福成

孤寂的夜裡，心海虎虎生浪
我飲一杯流傳千流的月色
與月娘說些酒話
因為這月光竟浣洗我的半生
把一甲子釀成酒
這酒，怎的
愈來愈讓人醉的
頭腦不清——的，醉吧

這期的作品於三月六日先在真北平討論，因正好春節後，就以「春酒」爲題賦詩，各家自顯神通。値得一提的，蔡信昌先生本行是畫家，寫詩並非他的看家本領，這回以「飲春酒」一詩，獲全場詩人贊美，認爲是信昌兄參與詩會以來，寫的最好的一首詩，當下給他很大的鼓舞和信心。

三月詩會詩人不僅在「世界論壇報」發表他們的詩作，也在該報發表較長的文學評論作品。例如：

陳福成（在下啦），「賞讀丁潁、亞嫐賢伉儷的詩集：第五季的水仙和亞嫐世紀詩選」，刊該報二〇〇九年八月廿七日及九月十日，分上下兩期刊完。

謝輝煌，「在一朵朵詩的浪花下面：丁文智『春』等短詩讀後」，刊該報二〇一〇年二月十一日。

凡此，三月詩會詩人得以在世界論壇報上揮灑詩歌的春秋大業，同仁王幻是重要推手和經營者。但更重要是理念相結合，這和組黨拉幫結派或搞任何組織，古今中外道理莫不相同，即所謂「志同道合」，若志不同、道亦不合而能搞在一起，其間必有「鬼」。或是一種超越人間的宗教、聖賢情操，就是例外了，因爲這種情操已達可以包容一切的境界，志同不同、道合不合，已是細微末節的小事，老早不在心上。

三月詩會同仁是一群「凡人」，個個有其獨到的性格，每家都是天下之唯一，獨樹鮮明的詩風。能搞在一起十八年（到二〇一一年三月）而不解散（大家戲稱因無組織、無會長，故無人有權力可以宣佈解散。），必有其原因。除了對詩的愛好、創作，就是「政治理念」（雖然大家口中說只論詩不論政治），但與世界論壇報的關係，鐵定是政治理念。看看前面那張世界論壇報的廣告，鮮明的大字寫著：

台灣唯一的反獨促統報　在台灣地區鼓動國家統一

反對背叛國家民族的台獨　反對邪惡的美帝　日寇

三月詩會和世界論壇報幾可稱爲「親蜜關係」，關鍵還在理念相同（指最頂層的國家統一）。自由時報爲何不幫三月詩會做專輯，因其爲「獨派機關」，自由時報在林榮三和吳阿明操控下，成爲背叛祖宗的媒體，以「醜化中國、醜化中國人、醜化中華文化」爲辦報宗旨。爲達成這樣的宗旨，他們的報紙天天做假、月月做假，從頭到尾都是「假新聞、歪曲事實新聞、醜化祖宗八代的新聞」，實即醜化了他們自己，他們不也流著炎黃的血，黃皮膚、黑眼珠。若真的實在不想當中國人，不想當炎黃子孫，何不去「換血」、「換膚」？裝上「義眼」，相信那樣子就絕非中國人了，但也絕非台灣人！

像這樣天天做假新聞的媒體，是一種「垃圾報」，應丟入歷史的灰燼中，或下回三月詩會以「自由時報」爲題，提筆撻伐、批判之，雖打不倒牠，至少彰顯春秋大義，「孔子成春秋而亂臣賊子懼」。自由時報有何能耐？能醜化中華文化這株千秋萬載之巨木？又有何能耐？能在春秋大義面前，能再囂張幾年？或幾月幾天？（關於何謂「春秋大義」？請看本書序篇三個短文。）

第十六章　「三月詩會」詩人在山西芮城劉焦智「鳳梅人」報

中國因天然的地緣關係，自古以來自成一個完整「內需系統」，且「吸力強大」，產生一種「磁石效應」，對四週乃至全球，產生「定時」的吸納力量。

此種「磁石效應」（醜化中國者，稱之「黑洞」效應，如台灣以製造假新聞爲能事，以醜化中國爲宗旨的垃圾報紙「自由時報」，在林榮三、吳阿明操控下，對中國產生的吸力，都叫「黑洞」效應。），中國自春秋以來，幾乎是「定時」發生。這可能是自然界一切生物、物體的自然法則，生滅、滅生，不斷輪迴。

每當我國中原地區動亂、戰爭或任何不安因素發生，達到威脅生存程度，一切的金銀財寶、帥哥美女、人才技術……便向「邊陲」流動（主要是向南、海外）。近的也許只到中國南方或中南半島，遠的到達歐美各國，中國在幾個長期大動亂時代皆如是，如戰國、魏晉南北朝、五代，五胡亂華造成民族大遷移。餘如每個朝年的「老年期」（宋末、元末、明末、清末），亦如此。而最近一期的「大流動」是民國以來的內戰到一九四九年止，大陸的文革時期也造成「大逃亡」。今天全球各地的中國人達四千萬多，大多清末以後外流出去的子孫後裔。

反之，當我國中原地區興盛、繁榮、統一，便帶動全中國的繁榮勝景。散落在邊陲及以外地區的金銀財寶、帥哥美女、人才技術，乃至各國「有雄心壯志」的人，紛紛前進中國，可見「磁石效應」吸力多大，稱之「黑洞效應」亦無不可，西方國家因而產生恐懼感，宣傳「中國威脅論」。

現在台灣有雄心大志的人，欲經營百年大企業的人，都前進中國，連我那夢中情人名模林志玲姊姊也不顧她爸媽是獨派，到中國去發光發熱了，她真有智慧，若有機會三月詩會應請她來當貴賓。自從她去了中國，她爸媽再也不喊台獨了，奇怪！也不奇怪。

說了前面一大堆，只是要詮釋三月詩會同仁也受磁石效應吸納，乘著一波波「歷史發展趨勢」，按前民進黨主席許信良「大膽西進」的主張，前進中國。事實上，改開放後，許多台灣詩人團體（創世紀、葡萄園、秋水等），早已大陸走透透，詩人作品也攻佔了無數「城堡」。若曾毋暗沙、嘖赤河東岸有詩人詩社，也會有台灣詩人作品發表。

三月詩會詩人當然也攻略了大陸許多詩人團體、文學刊物、報紙等等。但三月詩會同仁的「主戰場」，確是在中國山西省芮城縣劉焦智辦的「鳳梅人」報（註：可看我所著另一專書，「山西芮城劉焦智『鳳梅人』報研究：論文化文學藝術交流」，文史哲出版社，二〇一〇年五月。）

三月詩會詩人的作品發表在「鳳梅人」報上，到底總量多少？恐是難以估計了。從我手邊從總第二十八期（二〇〇六年九月八日），到五十七期（二〇一〇年三月六日），在第四版爲主的台灣作家群：

二十八期：秦岳（嶽，以下同）。

二十九期：秦岳、晶晶、金筑、文曉村、施快年。

三　十期：李政乃、陳錦標、賴益成、王祿松、秦岳、文曉村。

三十一期：文曉村、秦岳、施快年。

三十二期：秦岳、古添洪、陳錦標、秦西園（秦岳之子）。

三十三期：文曉村、金筑、葉坪、晶晶、王祿松、孫重貴、劉美娜。

三十四期：施雯、秦岳、陳錦標、李政乃、金筑、賴益成、台客、陳慧樺、晶晶。

三十五期：秦岳、文曉村、馬驄、陳錦標、晶晶、陳慧樺、金筑、朱朗、古添洪。

三十六期：陳福成、秦貴修（秦岳）、徐萬黎、文曉村、馬驄、陳新川、陳錦標、古添洪、朱朗、台客。

三十七期：陳福成、歸人、綠蒂、古添洪、朱朗、鍾鼎文、秦岳、金筑、文曉村、晶晶、台客。

三十八期：台客、秦岳、陳福成、周光前。

三十九期：文曉村、台客、金筑、陳福成、朱朗、石洒壽、范揚松、曾美玲、秦岳、丁穎。

四　十期：潘雅文、馬驄、曾美玲、陳福成、金筑、陳錦標、秦岳、台客、文曉村。

四十一期：秦岳、台客、王瀚曾、金筑、文曉村、陳福成。

四十二期：秦岳、台客、金筑暨夫人、范揚松、陳福成。

四十三期：陳福成、秦岳、范揚松。

四十四期：秦岳、台客、白靈、陳福成、范揚松。

四十五期：余光中、台客、秦岳、汪桃源（關雲）、金筑、陳福成。

四十六期：秦岳、台客、范揚松、陳福成、關雲、金筑。

四十七期：陳福成、闞雲、石臨生、台客、秦岳、林明理、林靜助。
四十八期：石臨生、秦岳、台客、賴益成、陳福成、陳女士、金筑、陳錦標。
四十九期：琹涵、台客、秦岳、余光中、陳福成。
五　十期：台客、文曉村、秦岳、魯松、鍾鼎文、汪宇燕、何明。（本期是悼文曉村專刊）
五十一期：台客、秦岳、金筑、魯松、林明理、余光中、石臨生。
五十二期：台客、秦岳、魯松、莊雲惠、石臨生。
五十三期：台客、秦岳、文曉村、落蒂、晶晶、劉小梅、王祿松、魯松、莊雲惠、一信。
五十四期：台客、秦岳、莊雲惠、李政乃、魯松、余光中、陳錦標、金筑、洪守箴、沈新民、麥穗、許運超。
五十五期：秦岳、莊雲惠、魯松、金劍、魯竹、徐世澤、雪飛、王幻。
五十六期：秦岳、台客、楊正雄、金筑、琹涵、莫云、魯松。
五十七期：台客、馬聰、蕭颯、金筑、秦岳、范揚松、魯松、陳福成、莊雲惠。本期介紹我著的「劉焦智鳳梅人報研究」目錄、序言。

▶ 1995年九歌行訪問團在大陸作爲期一個月訪問了哈爾濱、北京、鄭州、上海等十大城市。9月27日在鄭大舉辦的文曉村新詩創作獎贈獎活動，翌日參加鄭淑敏教授作品研討會，會後攝影留念。

總第25期，「天生我才」（鳳梅人前身）。丙戌立夏.四.八。

由左至右：臺客·麥穗·鄭淑敏、秦嶽、金築、賴益成

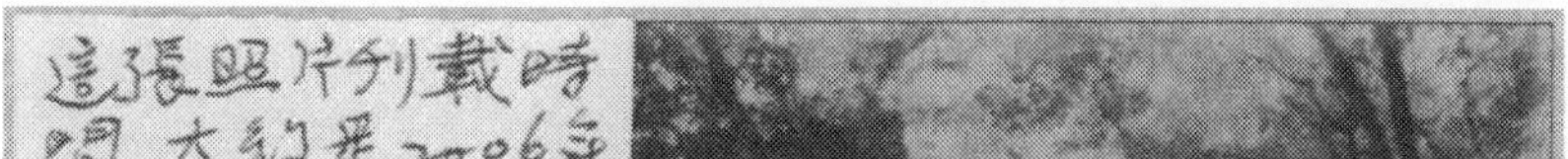
這張照片刊載時間，大約是2006年的鳳梅人報，因個人資料不全。

△2000年9月14日九州行訪問團在前往三星堆途中，專程到廣漢房湖公園參觀詩人覃子豪紀念館，在覃子豪雕像前攝影留念

左起：劉建化·王祿鬆·晶晶·文曉村·藍雲·秦岳·金築·詩薇·李政乃·臺客

以上概要清理「鳳梅人」報上，從第廿八期到第五七期，台灣作家詩人群錄，發現從廿九期開始才有較多台灣作家。但廿八期以前因無資料可查，難以確定，以下兩張照片有三月詩人，應是最早登上「鳳」報的。可惜兩岸文字未統一，尚待努力。

從廿九到五七期中，無三月詩會同仁作品的，只有第32、52、55期，有時同一期盡是三月詩會同仁作品。（那些是以前的會員，那些是現在仍在的會員，興趣者可參照本書另篇「三月詩會同仁表」。以下列舉三月詩會同仁在「鳳梅人」報發表的作品，以供雅賞。

榕樹的聯想

晶　晶

甘願
把此生活成一棵榕樹
繞青青的發絲
築巢
把每一個春天　煎熬成汁
把每一滴心血　炮制成糧

喂養一張張嗷嗷的黃口
用軀幹擋風遮雨
迤邐過
一季季過冷的冬天

仰望
鳥兒振翅
心靈是一陣難禁的喜悅
而霜染的黑發　已凋零成
額前稀落的劉海
夕陽中
搖曳成
另一種風景

「鳳梅人」第三十四期，二〇〇七年七月七日

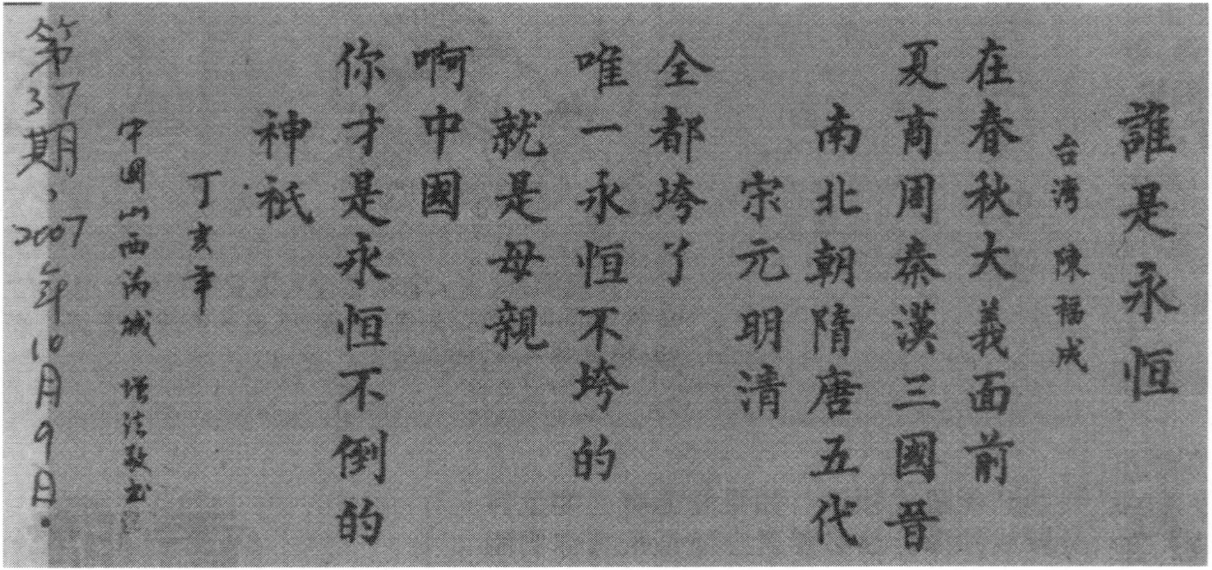

山西芮城朱陽劉增法書法

紀夢 丁潁

每次遇著你
總點頭．微笑
自你那清癯的面龐
　以及，那憂鬱的眼神
每次想安慰你，給你鼓勵
但，總是臉熱心跳，無從啓齒
如今，你悄悄的走了
像一片秋天的落葉
　無聲、無息
未帶走天邊的雲霞，
也未帶走紅塵中的玫瑰
留下的祇有我數行清淚
　和一聲嘆息

後記：九五年十二月三十日，中國詩歌藝術學會第六屆第一次會員大會，與秦岳北上開會，夜宿詩人高準處。夜夢一位患絕癥的年輕詩人，在一家醫院病逝。一位白衣天使以此詩悼念也！

摘自臺灣《海鷗》詩刊第三十六期第三十七頁

「鳳梅人」第三十九期，二〇〇七年十二月七日

斷層上的悲情

金　筑

五一二四川大地一聲尖嘯
板塊與板塊推擠　斷層與斷層壓碎
汶川心臟狠狠被插上一刀
北川動脈強戳撕裂
地殼驟然肢離破敗　分崩陷落
剎那　天府之國
巴山蜀水錯位
美麗的風景扭曲得面目全非

千千萬房拾夷為墳場
非等閑的經歷　是生命慘痛的拔尖
地獄的門户精神分裂　潰缺
陰間張開大口　來者不拒
墳不滿的黑暗深坑
喂不飽的鬼域地層
來不及瞑目的三魂七魄
高一腳　低一腳
撞跌入永不清醒的幽冥
神經穴縫藏匿的千萬次餘雲
搖搖搖　不是外婆橋
是奈何橋　旛引
無辜的生命因此進入漫漫長夜
剩下恐懼的臉
從傾斜的門窗縫隙透視

碎裂成百年錐心泣血的震波
撼動亡魂的驚恐　夜夜被夢魘爬滿
天地失色　這是二十一世紀的人間煉獄
經歷淬火的洗禮　悲傷之餘
滿布仁愛的手
把愛串聯起來
修補震碎的心靈
以餘震的力動打造新的遠景
我們為幸福的重建祈禱
共同孕育搖不撼的契機

二〇〇八年五月三十日板橋

後記：應邀參加二〇〇八年四月二十六日都江堰『第五屆老年文學國際學術研討會』，五月一日離開成都，不幾天大地震，經數日與都江堰朋友們聯絡，幸都平安，從他們口中和悉災情，而得此詩。

總第四十五期，二〇〇八年七月二十二日

註：在第四十六期，二〇〇八年八月廿三日，關雲詩作附有她的畫及一張名片，幾行字「一張名片　轉交　北京人大　我的粉絲　溫總理　家寶」。原來溫總理是關雲小姐的粉絲，但「家寶」，是她叫的嗎？

橋

一信

我必須強硬　硬起脊柱
挺起骨骼來負擔責任
將絕路連接　構通

雖是絕路　但
飛彈可越過
戰機也可飛過

向文曉村老師致謝

●臺灣·關雲

細數過往
羞澀而撲通亂撞的心門
拜望名大詩人！
文老師的風采
您是園丁播種者
引導我　鼓勵我接觸至詩壇

回味　院子葡萄飽滿剔透
無人住的宅院
葡萄藤蔓蛛網密布　而今
呈現的卻是一幅
"鄉間情趣"的畫面
久久不能自已

一張名片
轉交
北京人大
我的粉絲
溫總理
家寶

溫家寶總理
在臺灣文化人心
目中的地位

汪桃源(關雲)畫作

汪桃源　02-86665176
臺北市新店市安康路2段206巷2號4樓
ivywong@ms56.ninet.net

軍艦　甚至成群的小炮艇
都可以硬闖或蜂擁而過

但是過橋是最好的方式
跨過壑谷絕壁　串連兩方山頭
越過海浪波濤
安全地　舒適地通過
由我挺起的硬脊骨上快樂地
通過

摘自上圖

「鳳梅人」第五十三期，二〇〇九年九月廿三日

風雨歲月知多少

林靜助

踏遍故國江山無情寄
雨動匯集八方英豪
風落春夏秋冬

醞釀著十二生肖眾生相
嘆息顧盼自雄年少輕狂過
讓那風聲雨聲
洗盡鉛華

無情一江春水付東流
老愛感嘆夕陽無限好
驚鴻一瞥那燈火闌珊處
故人倩影不再
有朝一日
頓悟禪意
剝落身幸福的塵埃

「鳳梅人」第五十四期，二〇〇九年十一月七日

柳絮

許運超

滿天飛舞的像雪花
飄出春天的燦爛
輕輕的墜落似
歲月的流逝
無重量的著地
春的跫音已遠

滿天飛舞的像心情告白
綠了一季之後
風吹白了日子
在天空漫無目的的漂浮似
流浪的思
在尋找下一季

「鳳梅人」第五十四期，二〇〇九年十一月七日

羅平驚艷

麥穗

說是世外
明明在雲南
說是桃源
卻是不折不扣的農莊

田不成田成為八卦
山還是山鋒芒畢露
陽光塗過
你是梵古的油畫
輕霧抹過
你是大千的潑墨

曾經宏偉

也曾輕揉
被稱仙境
畢竟還是人間

「鳳梅人」第五十四期，二〇〇九年十一月七日

寂寞

徐世澤

一個模糊的影像
穿過落地窗的玻璃
似有冷風吹拂

臉貧血病人一樣蒼白
額頭凝結著憂鬱
豎起耳朵　諦聽遠方
度著每日同樣顏色的歲月

折疊在生命年輪裏的悲哀
面壁冥思　裁詩送夕陽

「鳳梅人」報，五十五期，二〇〇九年十二月廿二日

我的夢

雪　飛

夕陽西下
我的夢
還散步在花花
世界
欣賞你的美

黑夜來臨
我的夢，就要
安息在白色的
玫瑰天堂

請你送給我
一朵紅色玫瑰

「鳳梅人」報，五十五期，二〇〇九年十二月廿二日

跳躍式的海景 潘 皓

——采自淡江夕照精雕的藝術動線

走下紅毛城，瞬即被
漁人碼頭的拱橋
接駁到水湄那吊著降落傘的
咖啡屋
啊！這不就是老人與海嗎
於是，夕陽和山水
為我泡一杯三合一的詩之露
濤聲因風起

向巴士海峽奔騰

而凝眸忽地飛出，看天外
那片帶有些凄涼隱痛
跌蕩著漂浮之美未了情的雲
煙，該是
張愛玲《海上花》的遺稿吧

此際黃昏雖已濺泪
但我若是雪巔上的那抹彩霞
即令衹剩下殘燼
也要把西山燒成楓海

「鳳梅人」五十六期，二〇一〇年二月四日

老樹之歌

王　幻

每每看見
小枝小葉的小樹
天真活潑，迎風搖擺
我的心裏，就充滿了
無限的欣喜

這小樹將會成長
大枝大葉的大樹
讓春孕的小鳥得築巢
讓牧牛的小童得歇腳

當然也可在
樹蔭之下，乘涼聊天

無視於世代的輪替
無視於人情的冷眼

我立於斯
立成一株老樹
終日聆聽：老枝老葉
風也蕭蕭，雨也蕭蕭
若吟哦平仄的古調

「鳳梅人」報，五十五期，二〇〇九年十二月廿二日

三月詩會同仁中，至今未發現有作品在「鳳梅人」報者，是謝輝煌、童佑華、蔡信昌、傅予和文林五位。而「鳳」報二十八期到五十七期，每期出刊率最高有四家：

秦貴修（秦岳、秦嶽）：第29—32、34—57期，共29期，可謂鳳梅人的「全勤作家」。

金　筑：29.33.34.35.37.39.40.41.42.45.46.48.51.54.56.57.期，無佔有十六期，「業績」也算輝煌，是三月詩會之光。

文曉村：29.30.31.33.35.36.37.39.40.41.50.53.期，佔有十二期，文老師在後幾年身體

欠佳，有此業績也是可敬。

台客：34.36.37.38.39.40.41.42.43.44.45.46.47.48.49.50.51.52.53.54.56.57期，計有二十二期，他是三月詩會之友，深值三月詩會同仁學習。

但前述鳳報第二十八到五十七期的台灣作家出刊略記中，也有值得警惕之處，即三月詩會成員自文曉村、晶晶、金筑、陳福成（筆者）外，轉載率（力）日愈下降，是不是三月詩人們戰力不足？還是我們打算要「退出戰場」？皆深值吾人反省。

末了，再從「鳳梅人」報擇數張照片，刊印於後，尤其文曉村等前輩之行誼，值得流傳千秋。照片雖不很清楚，至少是保存了史料（不然報紙也當垃圾處理掉），亦用表懷念，並鼓舞吾等後輩。

張亦農先生陪臺灣《葡萄園》詩刊名譽社長文曉村先生參觀永樂宮

張亦農先生給芮城人民心目中留下了平易近人、誰都能看得起的印象，認為自己原本祇是一個普通的政府職員，現在是一個退了休的幹部，自然也認識到孔孟傳統文化被遺弃、道德滑坡之後，不少人看待退休者與在職者的眼光就有了不同，因而，更加謙虛和理智地對待一切人，自然不會怨天尤人。——知識累得多了，步入道德的軌道，自以為是的一切，客觀外界呢？仍然是。

摘自《粒粒砂石　堆積聖賢》第60篇

左起：陝西畫家、書法家劉健、臺灣詩人文曉村、藥王孫思邈七十二代傳人、名中醫孫仲才、《鳳梅人》總編劉焦智

2000年9月隨九州行訪問歸來，途徑香港，在同窗好友胡文興君杏花村寓所留影
左起：晶晶　臺客：胡文興　秦嶽
摘自秦嶽《山河寄情》

遠方有夢

臺灣．文曉村

（連載）

刊第47期 2008.8.25

青溪論壇

林靜助攝于中正紀念堂大中至正門前
林靜助行動電話：0928-203-988
傳真：(02)2628-0400

林靜助，民國三十三年一月二十三日出生，臺北市人，成大畢業。

經歷：全國青年活動服務中心主任、文苑雜志主編、葡光雜志主編

現職：中國文藝協會理事兼兩岸文化交流委員會主委、中華民國新詩學會理事、臺北市青溪新文藝學會常務理事、青溪論壇社發行人兼總編輯

簡歷：早年愛好文藝，曾參與寫作；青年參與創業，從事各項社團活動、旅遊行業。中年後，恢復文化藝術研究，偶有發表作品；雅愛文學評論。

七〇年代後，從事藝文社團經營，承辦大型青年活動、學生夏令營、康輔活動、康輔幹部訓練營等。

近年專門從事兩岸文化交流志工活動，協辦各類藝文社團各項藝文活動、兩岸訪學等專案指導，并從事文學評論工作。

刊第40期

左起邱淑嫦、文曉村、劉焦智外孫許少澤、孫仲才

在臺灣小歇後的加拿大傳真

第35期、2007.8.8.

曉村兄：

您好！[illegible]好！

久未聯系，十分想念。我們雖然遠在西半球，但電視天天傳播着大陸臺灣的新聞。大陸發展令人驚訝，臺灣之亂令人費解。不過亂來亂去都是那些政治人物，老百姓恐怕還是平靜地度日。[illegible]

1998年10月27日詩人[illegible]古繼堂[illegible]訪問講學，在臺北師大合影留念。右起：文曉村、古繼堂、[illegible]

文章，我和時珍都高興極了。我們在這裏生活簡單自在，後院種菜，有黃瓜、番茄、豆角、茄子、西葫蘆，心裏美蘿卜，天天還甘甜，夕陽照掌紅。寄上兩首小詩和三張小照片，供您們一樂。

祝

全家幸福安康

繼堂

時珍

2007年7月22日

右圖《幻夢花開一江山》一書，作者陳福成的聯系方式在一四版中縫。

陳福成，一九五二年生于臺中，陸軍官校四十四期，臺大主任教官退休。出版有關國防、軍事、戰略、戰爭、兵學及兩岸關系等著作三十餘册，另有三本現代詩集。二OO五年秋間兩位妹妹創辦《華夏春秋》雜志，專事宣傳春秋正義，打擊邪魔歪道，傳承中華文化。

2003年本刊社長　陳福成在南湖大山

誰是永恆？

臺灣・陳福成

在春秋大義面前
夏商周秦漢三國晉南北
朝隋唐五代宋元明清
全都垮了
唯一永恆不垮的
就是母親

啊！中國
你才是永恆不倒的神祇

尊敬的讀者先生：

為了國家統一大業，本期決定轉載《華夏春秋》陳福成先生所撰寫的《吁請陳水扁總統自愛引退公開信》，特將《風雨滄桑》專欄停發一期，請讀者先生見諒。

編者

陳福成近照

第十七章 「三月詩會」詩人在「秋水」溪畔

李白爲何沉痛寫出「但願長醉不願醒……與爾同銷萬古愁！」？？？

告訴你，是政治的原因。西元七五二年（唐玄宗天寶十一年），時楊國忠已爲右相兼文部尙書。在此之前，李白雖在長安得意，但不久因直言得罪權貴，「被遣出京」，他寫「將進酒」的背景，是與好友岑勳（岑夫子），赴嵩山的好友元丹丘（丹丘生）潁陽山居作客，他深感政治不可爲又懷才不遇，寫出千古名品「將進酒」：

君不見黃河之水天上來，奔流到海不復回？君不見高堂明鏡悲白髮，朝如青絲暮成雪？人生得意須盡歡，莫使金樽空對月。天生我材必有用，千金散盡還復來……岑夫子，丹丘生，將進酒，君莫停。與君歌一曲，請君為我側耳聽。鐘鼓饌玉不足貴，但願長醉不願醒。古來聖賢皆寂寞，惟有飲者留其名……主人何為言少錢，逕須沽取對君酌。五花馬，千金裘，呼兒將出換美酒，與爾同銷萬古愁！

也許孫中山先生說中「要害」，「管理眾人之事謂之政治」，把話倒過來詮釋，即是「政治在管理眾人之事」。說白了，眾生一切死活都逃不出政治的管理，甚至「死刑犯」該不該死（已經該死）、流浪狗怎麼處理、北極熊該不該「活下去」……都得賴國家之政治管理（立法），通常國家之力仍不足，要靠「國際政治」！

偏偏自磐古開天以來，政治是黑暗的多，而光明者少；理想多而可實踐者少。當天下不可爲，許多人與政治隔絕，劃清界限，或隱入山林當「竹林七賢」；甚至在政治可爲的太平時期，也有很多人選擇遠離政治氣候的干擾，這本是人類會的「常態」。彈丸之地的台灣小島，政治、社會、文學等各領域，幾乎所有團體都能涵括在「政治光譜」中，從左到右給予正確而適當的「定位」。

在遠離台灣政治圈幾光年、遙遠的邊陲外，有一顆小小小的「星體」，閃著「浪漫、美麗、唯美、婉約」的光，就是那光，就是那光，散發著詩的芬芳……許多人說這裡和政治無關，我們不談政治，是嗎？且看當今文壇上有一位了不起的人，給「秋水」詩刊主編涂靜怡小姐的一封信（如影印本）：

這位了不起的人是李效顏先生，他不是甚麼大企業家、資本家或土財主之流，他和我一樣「吃退休奉的」，真的沒幾個錢。但李先生夫婦二人，把多年存下的一百萬元，捐贈給中國文藝協會，如今他也願意協助秋水詩刊，使秋水「爲往聖繼絕學」，使秋水永遠與世同在。壯哉！此種「承先啓後，爲往聖繼絕學」的信念，與孔明的五次北伐、鄭成功的北定中原及老總統的反攻大陸，同樣是偉大的。深值當代中國（兩岸三地和海外）文壇作家們，向李先生暨夫人獻上最高敬意。但我要提的，是那封信的另一段話：

……回想這三十多年來一支《秋水》的「源頭」，居然流經「九灣十八拐」的艱苦歲月早已波瀾壯闊，通過了半個世紀的隔絕，而把「台灣海峽」統一了，交流了「文化、詩歌」和「血濃於水」

靜怡小姐：

想不到，您帶著「頑強」不易克服的眼疾還給我回信，您的詩友，詩事那麼多，不是加重了您的負擔？我於心不忍！

於其謝謝我對「秋水」的長期「愛護」，不如說我長期獲得《秋水》給我的「營養和啟示」。這不僅我個人如此，回想這三十多年來一支《秋水》的「源頭」，居然流經「九灣十八拐」的艱苦歲月早已波瀾壯闊，通過了半個世紀的隔絕，而把「台灣海峽」統一了，交流了「文化、詩歌」和「血濃於水」的同胞之誼，都在《秋水》裡表露無遺。究竟誰「併吞」了誰？看看這一百三十多期《秋水》的內容，她已成為全球性的詩刊，能受到大陸以外各國、各地區華裔詩人紛紛投稿、讚美，投入了《秋水》的陣營，靜怡小姐，這一成就，您不僅個人享有詩中之詩，寫詩、讀詩、成書、也把海內外，遠至新疆、北歐、美利堅，所有世界的風光，文化，幾乎盡收眼底。而且建立了基地 ── 詩人的「詩屋」供世界詩人所共有共賞，而且為百多位「詩友們」建立可貴的「檔案」。這豈是「天下沒有不散的筵席」可以相提並論的。筵席之歡之樂，一如雨中的泡沫，可是根已深、抵已固的《秋水》詩刊呀，將與世同在，豐富了人生的內涵，且將成長、壯大、這是可以預期、斷言的。

當然，人的生命是有限的，但是「承先啟後」的先例，「為往聖繼絕學」的古訓，我們怎能忘懷？只要「未雨綢繆」的「共商大計」，《秋水》的淙淙長流，永遠是「花團錦簇」的春天。

敬請　　善自珍攝，朋友們永遠愛護你、支持你！

李效顏敬上 2009 年 11 月 20 日

> 的同胞之誼，都在《秋水》裡表露無遺。究竟誰「併吞」了誰？看看這一百三十多期《秋水》的內容……為往聖繼絕學……（見秋水詩刊第一四四期，二○一○年元月出版。）

這封信確實沒有「政」又沒有「治」，更無「政治」。但很清楚的說明一件大事，秋水詩刊在涂靜怡幾十年的主持下，已對兩岸文化、文學的「交流、統一」，產生很大的影響，取得重大的成果，對未來我國的完全統一，於有功焉。確是如此，文壇上無人能否認，台灣詩壇上對兩岸文化交流做的最積極的，唯「葡萄園」和「秋水」兩家。但詩壇上最早有計畫、有規模的與大陸交流，是詩人吳明興任葡萄園主編時。

這麼說，吾人可以依「政治光譜」定位法，把秋水詩人群定位在「統派」，他們以中國人、炎黃子孫自居，「是台灣人也是中國人」（見秋水主編涂靜怡得獎作品「從苦難中成長」，國軍文藝金像獎等作品）。而反向思之，若有詩人屬獨派思想，只承認是台灣人，不承認是中國人，或表態主張台獨，那麼他在秋水可能「一天都待不下去」，他根本沒有機會可以當「秋水詩人」。

除非，他隱藏自己的思想，或可「暫時」當一陣秋水詩人。若他表態了，或露出「馬腳」，則不僅秋水詩人當不成，連朋友也不是了，這便是台灣的神奇處。統獨只有「敵我關係」，不可能是「朋友關係」；若有，也是利益交換，或居於「戰略、戰術」上的須要。

爲甚麼談這麼多「秋水」詩刊，又搬出李效顏、李白，只不過要說明秋水詩人群的「屬性」，而這種屬性和三月詩會同仁的屬性，實在是「一致、相通」。說白了，是一國人、一家人啦！因爲這種關係，秋水的掌門大姊涂靜怡登高一呼，要成立「秋水詩屋」，三月詩會同仁（現在和以前），竟有一大票是贊助者。看這影印的證據（秋水詩刊一四四期，二〇一〇年元月）：

感　謝

「秋水詩屋」贊助人芳名

琹　涵・謝輝煌・遠　方・鄭中憲・葉詩帆・陽　荷・靈　歌・江　願・
陳琪丰・亞　媺・李立柏・廖娟娟・莫　非・楊慧思・舒　慧・心　笛・
陳欣心・汪洋萍・嚴　翎・賴益成・龍達霈・倪　雲・李效顏・雪　飛・
子　青・洪　揚・龔　華・趙　化・俞　梅・彭　捷・琹　川・蔡麗雙・
莊雲惠・文曉村・臺　人・紀海珍・風信子・林朝山・羅富光・傅天虹・
王　明・月淮秀・王祿松・包芝江・藍　雲・施映麗・林　齡・匡若霞・
黃奇峰・蘇石平・方　明・余　言・郭永秀・成幼殊・金　劍・凌江月・
水　山・關　雲・張麗姬・魯　蛟・台　客・莫　渝・綠　蒂・晶　晶・
金　筑・曾美玲・薛　莉・方　艮・陳冠宇・依　然・鍾昀融・陳嘉鐘・
譚建生・薛　林・張瑋儀・侍子文・林煥彰・陳福成・張冬隆・非　白・
屠　岸・木　斧・李明馨・文　林・沙　穗・曾偉強・浦大祥・詹燕山・
佚　名・胡品清・陳鳳嬌・陳秀梅・薛　雲・陳小燕・高銘芳・林靜助・
詩　薇・黃燦穀・森・哈達・曾美霞・荒　島・李廣澤・卓琦培・蔡信昌・
李彩霞・蘇瓊花・鍾潔芝・馬輝洪・王憲陽・王祥麟・夏　威・林精一・
臧小雙・莊秋瓊・秦　嶽・孟芳竹・丁　穎・劉慶雲・胡建文・秀　子・

榮譽贊助人：古繼堂・寒　江・王景山・謝　勳

檢視證據，三月詩會同仁中（現在、以前），首先贊助的是謝輝煌，接下來有汪洋萍、雪飛、文曉村、藍雲、林齡、關雲、晶晶、金筑、陳福成、文林、林靜助、蔡信昌、丁潁。共十四人，其中另有三人（張冬隆、陳鳳嬌、陳秀梅），是我拉來的贊助者。加起來便是十七人。可見歷來三月詩會同仁對秋水的支持度多高！其他非三月詩會的贊助者也近百位詩人作家，他們絕大多數是「中國」文藝協會會員，或「中國」詩歌藝術學會會員，或中華民國新詩學會會員。（讀者可自己核對秋水詩屋贊助人芳名）；或至少，他絕對是中國人。據我所知，曾有一個台獨份子在秋水「臥底」，後因某事表態爆光了，便再也待不下去了，只好閃人，誰說政治和文學無關？

如此對「秋水」詩社的高支持度，文壇上眾人皆知，兩岸詩壇誰人不曉？這實際上就是對涂靜怡大姊數十年來主持秋水、犧牲奉獻的高度肯定，更是她以詩為兩岸「築橋」取得重大成果，給她的最高敬重（不是空口白話，只用嘴巴說的，而是把白花花的銀子，不計多少，獻出來給她，因為我們信任她，此謂之最高敬重。）

我曾寫過一篇詩論，謂「若余光中、洛夫搞台獨……便不是兩岸敬重的大詩人，連詩人也不可得了。」之意（刊葡萄園）。此處，吾人仍能為秋水掌門人涂靜怡同樣做一反向假設（只是假設），若她的思想傾向台獨，便不可能帶動秋水同仁推動兩岸詩文交流，甚至大搞「本土化、去中國化」，那她的「秋水詩屋」還有多少贊助者？？？

可想而知，或許仍有幾位吧！但非現有的那些贊助者。當然，台獨執政那幾年，獨派詩刊（如笠詩刊，也可能是本土化者，未必是獨派。）可以得到一些補助款（據說吃香喝辣都有），而統派詩刊連「湯」都沒得喝！可惜，好景不長，台獨「僞政權」垮台了，中華民國得以「法統重光」。

所以，追根究柢，追到本質面，涂靜怡大姊受到兩岸文壇的敬重支持（包含三月詩會），是她沒有忘記她的「根」。在她的著作中，處處可見她以身爲中國人爲榮，以血液中流有炎黃血脈爲傲，她在一九九一年十二月十九日第一次大陸「長江行」，應她大哥雁翼之邀的訪問（雁翼、涂靜怡、雪柔、張真、荒島，五人義結五兄妹，雁翼是大哥。）即定位爲「尋根之旅」。這一點「本質面」和三月詩會同仁相通。

「思想、意識」本是人的內心深處，潛藏的「秘笈」，基本上就是人心的「基因」，我如此「血淋淋」的把台灣詩壇用「春秋之筆」，如解剖大體般割開，又如播洋蔥般片片剝裂，定使若干人士不舒服。但這不就是求真嗎？把真相拿出來放大太陽下晒、晒、晒，有何不好？想必會更健康才對。

也只有這樣的剖析，才見得到含三月詩會在內的兩岸詩壇，爲何大力支持、贊助秋水，實際擁護、肯定涂靜怡。說到此，我想再向涂大姊進一言，勿使秋水詩刊（含詩屋）打烊了，畢竟那已是當代中國文壇重要的一部份，是詩壇的「公共財」了！

我的論述，完全站在中華文化的本位立場發言，而指稱「秋水詩刊」（含詩屋）在當代中國文壇的地位；在過去的多年中，對兩岸文壇已做出重大貢獻，這項「公共財」應使其再發光發熱，完全不從個人私誼上去論述。當然，要經營下去得要有銀子，要馬兒跑也要叫馬兒吃草，像李效顏這樣願做大奉獻的人極少，做些小小奉獻（維持秋水及詩屋經營下去），相信是不在少數吧！

第四篇　三月詩會春秋大業十八年

彩霞滿天
三月十年
王　幻
謝輝煌　主編
2010/05/02

三月之海

關　雲

我走進這詩會
不敢想像有多少時日了
冷酷的海也有溫柔的時候吧！

意中的旅人感受到疲憊的失意時
想要在生命中發光發亮是無底洞
寫時終因體會貧瘠的心靈如何超越
長夜將盡

在好好玩的時候

就彷彿深水魚只不知要多少潮水
如果不僵不苦的心靈【好好寫】
【好好醞和釀】
不在於多產　不在於發霉　不在於生銹
儘管餘生的最愛【寫詩、吟詩、讀詩】
還是最開心的一樁事兒

九十九年六月五日三月詩會

三月詩會啓示錄

潘　皓

鏗鏘跨越後現代
一群陶醉於
自創品牌的築夢者
以另類烏托邦新潮派的獨特風采
搭建了一座跳脫
傳統窠臼的推敲平台
就此一筆一憧憬
一字一烙印
把每個月的第一個黃金週末
都寫進了這不朽史乘

尤其當每次聚首
對月酣暢後
為秀出詩之雅頌兮
撥開了一朵朵
各自精耕的蓓蕾與其
潛在的魅影所跌宕的一顰一笑
啊便完成了
那闋浪漫的風騷

而且，就這樣
十八年來
曾透過奇幻之旅向雲端星空探索
看海天重疊，卻只有咱們！
這惟一的
一片審美世界

二〇一〇年六月二日於台北哲思工作室

詩會下午茶

徐世澤

翠綠的文山上
一座幽雅的茶室
烟霧輕舞
冒出意象的靈感火花

茶香撲鼻
喜上眉梢
啜一口熱茶
舌蕾留著純醇香味

一面誦詩
一面啜茶
共享修好的佳句
帶著下月的詩題欣然賦歸

太陽笑得緋紅了臉
晚霞披著金縷衣
映紅了半邊天
一個充滿詩意的下午
入夜仍然回味無窮

後記：三月詩會於二〇〇五年前，下午茶開會時間規定是 14:00 至 17:00，有幾次在碧潭開，因而能描繪出此景。

三月詩會春秋大業十八年

蔡信昌

之一：

杜鵑花開的時節
要駕著花海暢遊仙島
要探勝尋幽檢試原礦
要談古論今把酒言歡
要談笑風生飲餚食珍
要放懷高歌立言萬世
花天韻會剛春秋成年（十八春秋註一）
飛蝶自如穿梭任西東
雅集妙言美食志宏遠

註一：第七句末「春秋成年」我國民法近年已改男女十八歲成年。若怕以後有所變動，可改爲「十八春秋」。

之二：

杜鵑花的天夢山坡上
乘著興賞花悠遊環宇
乘著時針貶評左批右
乘著身強壯奮力一搏
乘著青雲嘗風花雪月
乘著行萬理謳歌年華
花天吟會恰春秋十八
彩蝶紛飛如意任遨遊
雅聚譚唱論志樂宏偉

註：本人二〇一〇年五月十五日至廿七日於台北吉林國小之吉林藝廊舉辦第四十次畫展，蒙詩友大駕光臨參觀指教晚輩衷心感激。謝謝！

二〇一〇年五月卅日凌晨一點半至三點初稿於台北牧心意室

六月三日凌晨三—四點定稿　蔡信昌作

擁夢十八紀

——寫於三月詩會成立十八年紀念

一信

有夢　一夢十八年　或乃
十八年一夢　夢中有夢　夢夢有境有象
有愛恨情仇的夢　生離死別的夢
更有　期盼期許期祈的夢

好一個風風雨雨　逐波趨浪
　尋夢養夢吃夢擁抱夢的十八年
好一個乘風乘雲飛揚花綻櫻落的十八年
好一個醉臥彩霞的十八年

十八年隨光速瞬逝

一個夢四千首詩（註）　繽紛萬樣

銀髮低吟　皓首高嘯

期許一個百年之約　詩繫千載　聲澈萬年

註：三月詩會成立十八年，每月出題論詩，概計同仁共成詩發表的四千餘首。

詩神的榮寵

——三月詩會春秋大業十八年

童佑華

滴達！時間的秒針
轟然一聲巨響
載咱們繞著太陽飛奔的地球
跑了多少個路程了？
以一天八萬六千四百秒計
一年三千一百五十三萬六千秒
乘以十八個年頭　同「舟」以詩
這是多麼有趣又輝煌的歲月
余不材九十五年十二月三日不知在哪一個滴答聲中

冒然闖進這塊神聖的處女地
經歷三年七個月四十三次詩會
迄今這般人模人樣的過活著
就不要計較偶而的臉紅脖子粗了
小小的詩之一葦浪海共濟
每回總在懷抱一顆赤子之心
飽餐一頓豐盛的詩情友情之後
回到家中
搞不好當夜還會興奮過度失眠
感覺那也是詩神最親暱的
榮寵

飛翔麗空的三月

——賀三月詩十八青春

金　筑

飛翔的三月
舞蹈青春的旋律
啓動和諧的節奏
怒放荳蔻芳菲的儀態
開創——
《三月情懷》　捶鍊靈思的狂飆
抒放軒昂的詩緒　重現青色亮麗的圖騰
《三月交響》　集眾家詩音而嘹亮
洋洋盈耳　獨現詩壇風騷的唱和

《三月風華》　抓回生命綻開的扉頁
重組春秋日月　營造翠碧青青的詩境
《千禧三月》　筆花朵朵的求願
苦練雕龍　刻畫深淺不一的春天
《三月十年》　以繩記事的結點
完美且更新　擁有愛與祝福的華年
《彩霞滿天》　五顏六色鋪陳的夢景
燦爛了藍天　散播千姿萬彩多元的吐餤

飛翔的三月
小白鴿的年齡　正當其時
舒敞凌雲的翅翼
飛翔　飛翔
神遊八荒　逶迤極地
向長空麗日　向無終的杳遠

詠三月詩會

丁 穎

每月一次的相聚
為的是心靈的交會
感情的培養，以及
促使你的成長
如成你方十八歲
未來的路還長
你肩負著歷史的使命
中華文化的傳承
真、善、美的弘揚

你是這個時代的縮影
見證了榮枯與興亡
看過多少苦難
經歷多少悲傷
戰爭、死亡、血的洗禮
倍增你的信念與堅強
跋千山，涉萬水
跨大海，越大江
陪伴你的是戰馬刀槍
穿過時空的長廊
轉戰人生的沙場

踏著荊棘，頂著風霜
艱難的歲月
辛苦備嚐

而今呀！月面對
荒涼的旅途
空虛的行囊
只賸下一管春秋筆
風簷古道，願你
寫下不朽的詩章

九十九年於台灣文化城夢痕齋

種詩的園圃

——為三月詩會十八歲而作

許運超

十八年前一群愛詩的人
選擇在「國家圖書館」
開墾了「三月」這塊種詩的園圃
他們的汗水從「圖書館」
滴到「秀苑」
滴到「醉紅小酌」
滴到「文協九樓」
滴到「真北平」

月月都煮酒種詩
笑談除草施肥灌溉
分享每棵詩苗成長茁壯的樂趣
十八年來有前仆也有後繼的人
年年月月詩圃欣欣向榮
我要問十八年接續著許多十八年
這是不是詩的春秋大業呢！

二〇一〇年五月十三日

長生不老的嬰花夢

雪　飛

高舉「愛」的旗幟
吟唱「美」的詩
三月詩會十八載的千秋大業
永遠散發出
詩人生命的光輝

在詩人大腦裡
那從來都不會老化的
Neural stem cells-如花的嬰兒細胞
一面吟詩高歌

一面不斷分裂，製造另一個自己
在這「神經再生」的歷程
嬰花一朵朵盛開
不斷有新的花朵來吟詩歌唱

這偉大的「赤子心」
每位詩人都擁有
尤其三月詩會的朋友們
在大腦裡「海馬迴」
更是充滿了
這長生不老的活力

今天我們要吟唱
這首 Baby flower 的夢
更須繼續發揮藝術的魅力

來為「神經再生」歷程
換上最美的新裝
返老還童，哈哈大笑！

二〇一〇年五月二十四日。
爲三月詩會十八週年而作。

附註

註一：**Neural stem cells** 即「神經幹細胞」，科學家又稱其爲「嬰兒細胞」。係在一九九八年，才被加州有名的 **La Jolla** 實驗室發現：活人的「海馬迴」中，有這些重要的神經細胞。以藝術角度來看，此「嬰兒細胞」如花似玉，不僅有玉之珍貴，更有花之美，尤其有象徵長生不老的意味，故我以「嬰花」（**Baby flower**）夢命題。

註二：「海馬迴」（**Hippoampal convolution**）在大腦顳葉中，爲「記憶中心」，故保護海馬迴對詩人非常重要！

註三：「神經再生」（**neurogenesis**），即指「返老還童」的歷程，爲增加詩的情趣，故以「哈哈大笑」來結尾。

三月詩會春秋大業十八年

陳福成

叫他們都活起來

那些春風秋雨
那些花月中的點點滴滴
如今在歷史長河中
躺成一塊塊零碎的化石
我得慢慢挖出來
考證　重組　比對 DNA
喚醒
叫他們都活起來

邁向第十八年

從時間膠囊中驚覺
經歷多少時空旅程
飄渺中　如夢如真
又演化到怎樣的世代
歷史都斷了吧
稀有物種仍堅持邁向
第十八年
堅守原始寶地
絕不接受任何演化論爛調
「三月的思念」已是
沒有終結指令的程式

註：「三月的思念」是三月詩會最早的啓動者林紹梅先生，爲三月詩會所寫的第一首詩。

詩宴

傅予

每人一道菜
不是雞鴨魚肉，而是
生命在風花雪月旅途中的吟唱

每人一道菜
不是山珍海味，而是
人生在悲歡離合攪拌中的一個大拼盤

每人一道菜
不是有媽媽的味道，而是
心靈邂逅繆斯片刻的凝眸

附註：本〈詩宴〉是應同仁福成兄要編撰《三月詩會》研究春秋十八年特提供創會十八年來的一道小菜。

夢境非夢

林　靜　助

採菊東籬下
悠然見玉山
從一〇一頂樓望見金門的
毋忘在莒
前不見古人　後不見來者
混搭的台灣文化　當今
是新加坡青年背包客的最愛
閉目養神的樂山大佛
夢見北京西鼓樓大街鑼鼓胡同
人潮熙攘往來　卻不是元明清的百姓

后海酒吧街的暄囂聲
蓋過臺北西門町的熱鬧
嚧咕湖的摩梭少女不再走婚
因為愛上壯如山的阿里山少年
香格里拉的錦繡山河不再是夢境
因為遊客用相機把美景都攝影光了

如果是眞的

文林

主席的手
吸取全場的眼光
即將揭曉
最優秀詩人

剎那間
爆出滿堂的掌聲
我的名字
蹦出主席的嘴

取代主席的手
是我的臉
眾人的驚訝
給我更多驚喜

上台領獎的召喚
提醒我一振雙臂
撥開四周的恭喜
迎向桂冠的光輝

砰然一聲
伴著老妻憤怒的質問
你把鬧鐘打下床
為什麼還揮我一拳

九十九年七月三日夢境小品

第五篇　遺珠綴成展春秋

2006 年 10 月 9 日，反貪倒扁「雙十圍城」前夕，詩人雪飛、台客、陳福成在大舞台上。

第十八章　從「將軍詩人」到「詩人將軍」

——讀許運超「心靈詩語」有感

在我個人的三十一年職業軍人生涯中，大部（中校以下）在野戰部隊，通常只要通報「某將軍到防區視查」，官兵鐵定「脫一層皮」，至少一星期「頭皮發麻」。基層隊視「將軍」如魔鬼，那些日子，真不是人幹的。

我已解甲十餘年，不知今天的野戰部隊如何？將軍是否如魔鬼，人人想要又人見人怕。

退伍後，我手握詩筆，與台灣文壇詩界有較多往來，因緣碰到一群志同道合又真誠的詩人朋友，尤以近兩年來參加「三月詩會」最有趣，因爲這詩會竟也有一位「將軍」。慢慢的，我讀到他的一些作品，我左看右看這位老大哥，竟沒有「頭皮發麻」的感覺，也許他現在已從「將軍詩人」，轉型成「詩人將軍」了。他就是三月詩會成員之一，許運超將軍，私下我們大夥兒仍習慣叫他「將軍詩人」，但我愛叫他「大學長」。

大學長最近送我一本他的新書「心靈詩語」新詩集（文史哲出版，二〇一〇年二月）。全書有詩作九十一首，分親情、愛情、友情、旅遊、現實、小品等六篇。書中篇篇都是佳構，每一詩品都是詩人豐富人生炘提煉出的「精品」。但此時最讓我感懷的，竟是三首含飴弄孫之作。

也許自己尚未得到，也許得到的機會不多，也許可預見的未來跟本不可得，才覺得那是珍寶，那才是人生的感動，那種感慨很多很複雜，試讀第一首「等待的喜悅——爲孫女言安誕生而寫」：

妳預定九月初要來／我們等待這一天／而卻提前於八月底來／我們等待這一刻
一小時兩小時三小時…的等／妳媽媽的表情跟著時間的滴答變換／妳爸爸的心急
握著陣痛的母親／寶貝　等待是心焦的啊
十二小時過後妳終於敲門了／快　快　快去開門／我頃間即傳來了／幾聲天籟般
的啼聲／妳來了　我們的寶貝
當護士小姐拉開帷幕隔著玻璃／我們看到妳天使般的臉頰／蠕動著可愛的小嘴／
努力睜開雙眼　想是／巡視這世界的美麗／也回應了／爺爺奶奶外公外婆／等待

的喜悅

詩人後有加註，謂孫女許言安二〇〇五年八月廿九日廿一點零一分誕生於台北市中山醫院。

又是一個新生命的誕生，凝聚了一個快樂的場景，有爺爺奶奶外公外婆、爸爸…在「門外」等她，等著要迎接她，她終於準備好，要「開門」了，這一刻，哇！世界是彩色的，新生命圓了很多人的夢，給很多人帶來幸福美滿的「感覺」。

詩人把人間最美的畫面，用詩「畫」了出來，此即所謂「詩中有畫、畫中有詩」。這種幸福美滿的畫面，自有人類形成以來鐵定就已存在，其他的生物想必也有，但都沒有感動到我。唯「喜悅的等待」讓我感動，因爲我在他的作品中也「看見」了一種唯美感動的畫面，如身歷其境，而不知何時？自己才能真正的親臨其境！何時？？？我這代的子女們正流行著不婚、不生、不養的「三不主義」，天啊！人類要絕種了…

許將軍絕無法理解我的心情，因爲他現在是快樂滿足的爺爺，這種快感比升他上將當總司令還快活，因爲當總司令可能人生失去更多，而有了孫女是人生的一種「圓滿」，官場的實例太多了，官當的愈高，甚至到國家元首，家中就盡是敗家女、不孝子，或利用老子的權力去洗錢，這且不表，勿須節外生枝，再讀大學長「寫孫女許言安」這首兩段十二行的短詩：

在家裡妳對父母說／爺爺不在家　爺爺生病了／在雨天妳對奶奶說／去看爺爺要
帶傘／在電話裡妳對我說／爺爺快快好　回來陪我玩
爺爺太驚訝了／你幼小的心靈裡竟然說出／那麼多溫馨的話／爺爺的病被你醫好
了喔／爺爺要好好活著回家陪妳玩／陪妳成長

二〇〇七年十一月三十日　榮總病房

順帶一說，大學長於二〇〇七年底曾在榮總住院開刀，本書「人生停格十小時有記」一詩，寫的正是他的「鬼門關經歷記」，這詩早已傳遍詩友，無不感動。

正當詩人將軍在人生戰場上，進行著極可能是最後一場的大決戰時，親人的鼓舞就是最大的後援戰力。在諸多後援戰力中，小孫女許言安是一股「決定性力量」，整首詩用童言童語組織起來，顯得自然而有力。尤以那句「爺爺的病被妳醫好了喔」，不僅富詩意且有弦外之音，是全詩的關鍵句。再讀第三首，「八月的贈禮——爲孫女言安四歲生日而寫」，是一首六段十二行的短詩：

以往／我將八月全部梭哈輸光
而今／我珍藏八月的每一個跫音

因為／八月有小言安的小生辰
而我／以八月的十二句詩做蛋糕
還要／將滿天的星星串成項鍊
贈給我的小言安作為生日禮物／願她有玫瑰童話裡的小天使般快樂

二〇〇九年七月一日

這小言安如今應是五歲了，幼稚園中班吧！老將軍除寫詩自娛，其詩藝在台灣當代詩壇「詩史」必有一席之地，早在他十七歲便在復興崗校刊發表詩作，早期的「民族晚報」副刊、「遠東日報」、「馬祖日報」等，都曾是詩人揮灑生命詩章的舞台。如今我們又同是「葡萄園」詩班和「三月詩會」同仁，所以詩人不僅是「詩人將軍」，更是「老詩人」。

老詩人現在「以八月的十二句詩做蛋糕」「將滿天的星星串成項鍊」，給小孫女當禮物，詩的意象唯美，而氣氛溫馨。從另一個層次看，這是人生幸福美滿的具體實踐，在傳統的中國社會中，人生有了事業，有了名器，出將入相都有了。最後的要件是含飴弄孫，若欠缺這部份，將是人生最大的遺憾。我這位大學長可謂該有的都有了。

從現代心理學家馬斯洛（Maslow, A.H.）的動機理論，所述人生追求的層次觀察，無疑的，我這位大學長、老大哥，其「自我實現」（Self-actualization）已經達成，這是一個境界。就是不論境界，論我們共有的職業關係，我們都是職業軍人，軍校生的同學會常有一則「笑話」。謂幹一輩子軍人，中校以下（含）而無終生俸謂之「虧本」，到中校又有終生俸叫「打平」，上校是「小賺」，幹到少將以上是謂「大大有賺」。大學長就是大大有賺，這是他幹幾十年軍人換來的。

然而，人到一定年齡，要的不光是這些「賺頭」，更要一種境界，人生的價值才能提昇到一個真善美這種「無價之寶」。詩，讓老大哥達到這種境界，我祝福他在中國當代詩壇能開創另一個「詩人將軍」的不朽局面。

第十九章　賞讀丁穎、亞嬿賢伉儷的詩集

——「第五季的水仙」和「亞嬿世紀詩選」

在國內外，夫妻同是詩人作家，且在當代文壇都享有一定地位，可謂稀有組合，更是幾世難逢之良緣，丁穎和亞嬿賢伉儷便是這樣一對雙星雙飛的才子佳人。

其實我並不認識這對才子佳人，亞嬿我未曾謀面，丁穎在某次「三月詩會」偶然一瞥，惟在互贈的詩書中，賞讀其詩，解讀其人。這才發現這兩位資深詩人，驚鴻與驚奇的地方，且啟動了我的好奇心系統。

存在主義詩人丁穎現代詩集「第五季的水仙」

丁穎的新詩集「第五季的水仙」（台中：藍燈文化，民六十八年五月再版本），付梓至今（二〇〇九年春），應已三十多年，但這本書仍吸引人，尤其我對作者丁穎有些

好奇（指詩文內涵思想）。

丁潁（原名丁載臣）是個怎樣的詩人？前輩作家周伯乃先生為他的詩集寫跋文時，以「憂鬱的詩人──丁潁」為定位標題，該文說丁潁作品的共同特質，是當代存在主義哲學家所設想的那想，人是被突然投擲在時間的湍流中，廣漠無際的空間裡，我們既不知道生命的源頭，也不知道生命的歸宿……就像我們走在霧中，我們觸著霧，我們伸手抓不著它……

若然，人生可以用存在主義者的口頭禪，「荒謬、悲哀、無聊」做總結了。如此，讓人很不情願，也似乎不能詮釋詩人的思想。周先生的跋文也提到，丁潁是始終被愛與情所困、所擾、所醉的詩人。他渴望著愛人，同時也希望被人所愛。他是一個多情而博愛的憂鬱詩人，他追求愛情，像追求自己生命一樣狂熱，甚有過之而無不及。他認為人生除了愛，一切都是虛有的……

讀到這裡，我認為丁潁並不那麼悲觀，也不那麼憂鬱，他除追求愛情，其他方面也還很豐富積極的。我全盤掃讀「第五季的水到」詩集七十八首詩，分四點略錄淺見，尤其兩首給亞孅姊的情詩，真是動了女人真情。

第一，憂鬱之外也憂國憂民。不可否認的，周伯乃先生把丁潁定位成「憂鬱詩人」

是有充份理由，讀「冬夜」、「火柴桿的悲哀」、「島之秋」、「威士忌蘇達」、「失落的存在」等，還有不少，真是一個「愁」字了得。尤以「威士忌蘇達」一詩：「．．．今日的文明／不屬於我們，但是／我們也不屬於她／因而，你我都患有嚴重的憂鬱症／都是歇斯底里的尋夢者」。這下憂鬱成症，但讀「失題」一詩：

> 涼亭／酒瓶／構成一個渾然／一個無感不覺的存在／把泥土的三角戀／交給歷史的審判者／星空下，我們可以去海上尋夢／再不，就隨十二月的夜風／一同去流浪吧

「失題」雖憂，卻屬蜩螗沸羹。詩後有記，一九六〇年歲尾，一個無月之夜。偕野夫、吳蒙，秉燭於碧峰山之涼亭。僅橘酒一瓶，花生米一包。天外寒星窺人，山中林風蕭蕭，頓感客歲易凋，國事艱危，乃席地成此詩，以抒胞中之塊壘。

如魏晉南北朝那縱情山林詩酒的文人們，他們也憂鬱吧！或不顧蒼生死活去醉倒山林嗎？想必是憂天下不可爲，憂黎民苦難何時休！另一首「五月祭」的詩中，「島上人，正忙著收割女子的三圍／忙著給纖腰玉腿攝照／沒有誰再記得三閭大夫的哀愁／記起那泣咽的國殤」，都是一樣的心情，丁穎憂鬱也憂蒼生，是一個蒿目時艱者。如吾國傳統知識份子那種風骨情懷，雖不爲官，但仍「先天下之憂而憂、後天下之樂而樂」，實在

可敬

第二，悲憫、蒼涼與孤寂。詩人這行業已夠寂寞，加上先天幾分憂鬱性格，環境影響也大，丁穎自幼失恃，又碰到抗日戰爭，開始過著浪跡天涯的吉卜賽式生活（依周伯乃先生述）。接著國軍兵敗轉進台灣，他又在這小島上漂泊半世紀，有故鄉又歸不得，他鄉亦難成故鄉，真是國事與人生皆不可為，他的作品有著濃濃的悲憫、蒼涼與孤寂，也就很自然了。讀「憂鬱的太陽」、「五月之夜」、「碧潭」、「二十一盞星顆」、「酩酊的九月」、「畫像」、「落葉」、「記夢」，試讀他悼詩人覃子豪「落葉」的一部：

> 沒有風。在十月的淡淡地陽光下／你悄然飄落！靜寂／蒼涼／沒有驚醒沉睡的小蝸蜥／也沒有驚醒人們的歡夢／世界依舊……一切歸於空／歸於些無……飄失於茫茫的蒼冥

他的世界總有淡淡的空寂，濃濃的蒼涼感，對生命亦不存在多少期待，那首「記夢」應是詩人自己的告白，「昨夜我夢見了自己／裂口的皮鞋縫補釘的畫衣／蓬亂的頭髮，長長的鬍髭／慘白的臉色籠罩著落拓的憂鬱」。悲啊！人生，慘啊！像十足的流浪漢，人生的一切本是虛無的，只有愛是真的，從丁穎給亞嫩的兩首情詩，我看見詩人的多情熱情，散發出生命的光熱。

第三、讓愛情戰勝了存在主義。按存在主義思想，人生一切都是虛無荒謬，包含愛情也是。但丁穎追求愛情勝過自己生命（可見他仍不是完全的存在主義者），在這本詩集有兩首給亞孅的情詩很動人，先讀「名字」第一段（原詩未分段）：

十二月，心湖中／投妳晶瑩而纖柔的影／贈妳一名字，寫於胭脂樹的私語間／紅日下，刻我的誓／在那枚小小十字架上／疊我的鄉愁，寄給北風／燃我的戀，以妳最初最初的純真／記取最初，孅孅／記取聖誕花的叮嚀，以及那沈沈地密約

愛情之所以讓天下有情男女，痴狂醉迷忘我，在於雙方都把對象美化後產生的真善美，再加上一點點神秘感。詩中的「孅孅」，當然就是亞孅姊，也是丁先生的愛妻。她的影子晶瑩而纖柔，多美（本人更難以形容）！在胭脂樹下談情說愛，並贈愛人一個名字。（判斷亞孅這筆名是丁穎取的）紅日下又立了誓約，詩人本來對人生是很悲觀的，誰燃起了他的戀情，是心愛女人最初的純真，詩人提醒要永遠記著他們定情的十二月。

再讀第二段：

當燕子再來時，我總會想起／第二度展示生命的白百合／乃於妳回眸的嫣然／冰凍之日，我曾有所觸及／跋涉中，妳是春，是美／是一莖青青的麥冬草／——一葉成長的相思／兩季過後，掬飲妳一勺微笑／在迢迢地路上……

詩人又用兩種植物象徵情人，一種「白百合」，百合本是白色（有紅黃），象徵純潔，加上白色形容更純潔，第二度展示生命更純潔，是因對生命有更深刻的體驗，另一種麥冬草（即麥門冬），常綠草本植物，常綠喻情夾青春永在，又麥冬草是中藥材，可治病（相思病吧），丁潁一生浪跡天涯，對人生已無太多期待，現在碰到這樣的好女人，只要「掬飲妳一勺微笑」，就一切都滿足了，人生必滿意了，愛情啊！真有魔力！他的另一首給亞孅姊的情詩「初晤」也是意義深刻，讀其後半段：

唉！妳知道嗎！孅／雖然，明日花徑依然飄香／夜色依舊如水／但，明日也許我們已不在此／當歲華隨風影而逝／此去三千年，孅哪／有誰會記取我們的初晤／記取這四月的玫瑰徑上／有妳羞澀的淺笑／有我半醉半痴的驚喜

這是丁潁初晤亞孅姊，通常男女初晤，尙未定情，男方必展開追求策略，所以這首詩除了男方愛的表示，也有很高的「策略性」。提醒女孩人生如白駒過隙，如白衣蒼狗，把握兩人的當下，別再猶豫了，戀愛過程中，男人總是心急，女人總是遲疑不決。

回到源頭，丁潁是怎樣的詩人？周伯乃先生在鈸文中說「他是一個多情而博愛的憂鬱詩人」。但是，有了愛情，他便不憂鬱了，只是愛情在整個人生中如火花一閃，很快又不見了，困擾無聊又來了。存在主義的人生，存在主義的丁潁，人生存在意義何在？

「亞媺世紀詩選」有濃濃的中華大地與文化之愛

我除了知道亞媺和我同是秋水同仁，她也是詩畫雙絕的才女外，對她真是一無所知，從未謀面。所幸，「秋水」詩刊一百四十期（二〇〇九年元月），由秋水掌門人涂大姊做了亞媺專集介紹。原來亞媺（本名郭金鳳）一生鍾情詩畫，本著佛家「因緣聚合」寫詩、寫散文、寫生命的樂章，以「人生如畫」的理性追求至美的人生，這就是亞媺，她所獲得的獎章、榮譽等，有一脫拉庫（從略）。

本文所要品賞的是這位女詩人的現代詩集，「亞媺世紀詩選」（香港：銀河出版社，二〇〇七年七月）。賞讀全本詩集五十七首詩，不得不讚嘆這位出生在台灣宜蘭的詩畫家，對中華大地與文化有著濃濃的戀情。因爲五十七首詩中，有二十首屬「中華情詩」，讓我們逐一解讀其中部份，品賞亞媺姊這種高貴的情操。

桂冠詩人、朗誦／彈琴表演的神采／台北天空下／詩的琉璃花盛開．．．詩的豪情，結在／中國之夜的秋天　—詩的琉璃花—

一種思念好深／在天山，在絕世的／雪蓮身上閃爍……　—獨語—

誰站在伊犁河岸／等候因緣聚會之光……生命之水／悠悠唱醒　—伊犁河：新疆

之旅—

紅柳，紅柳／妳卻是我朝夕思念……戈壁荒漠中的紅柳花……哪年再相見　—紅柳：新疆之旅

人間有了雪蓮／我仰望／詩畫的天山在新疆／我相思／神秘的玻璃湖喀那斯……　—天長地久—

「詩的琉璃花」必是詩人亞媺參加某次世界詩人大會的感想，而此次大會是在台北舉行，因而台北的天空「詩的琉璃花盛開」。好美，好壯觀，詩人也可能在現場朗讀詩篇，內心悸動喚醒靈魂深處去溯源，要把這榮耀歸向那裡，「詩的豪情，結在中國之夜的秋天」。原來，中國文化的活水是我們的「大母親」。接下四首是詩人對新疆大地的愛戀。對天山雪蓮是一種很深的思念，與伊犁河有緣，朝夕思念的是戈壁紅柳，依依不捨，不知何年再相見。詩畫的天山和喀那斯湖，更是天長地久的相思，只想要緊緊擁抱。這幾首寫新疆的詩，詩人把這塊我國最大的神秘荒漠大地，當成一個母親，甚至當成一位情人，續讀亞媺的「情人」。

它默默注視遠方／我悄悄望著／啊！絲路之旅／讓我無限驚喜　—沙漠小花—

帶著熱情的心來探訪／水歌如香雪綿綿……妳是地下萬里長城……多像冷水花結

詩不斷／融化的愛使記憶飛揚　—坎兒井：新疆之旅—

一庭煙雨／翻覽銀色時光／筆記中天山在移／啊！移動我的心　—夢：天山—

風這麼柔　天山來的嗎？／水如此美　天池之水吧？……回憶的搖籃裡　我與你／卻是永遠　永遠的一段距離　—定海神針：新疆之旅—

想起熱情的吐魯番晚宴／瀟灑的夜色舞醉八月／我們擁抱詩的靈魂／共看兩岸燈火閃爍／傾聽生救之歌……　—美麗的新疆—

果然「情人眼裡出西施」，並非大山河千年古蹟才能讓詩人感動，只是絲路上沙漠一株小花，足以叫詩人「我悄悄望著，讓我無限驚喜」。因爲這朵小花已是祖國大地歷史文化的縮影，只要詩人胸懷中華，便能從一朵花看到五千年的炎黃璀璨文明。接著四首是詩人的新疆之旅，寫實亦兼寫意，坎兒井「冰清玉潔水脈／孕育四季不凋的故事」，夢天山「我魂夢中的天堂／何日能再回歸」，定海神針「莊嚴的笑容枝葉燦爛／多像千手千眼觀音普渡眾生」，美麗的新疆「你的回音撒落紅豆／粒粒充滿相思」。啊！新疆，你是我今生的情人，生生世世眷戀的，仍是你「溫柔的青春／純潔的水夢」相思。亞媺姊可能走遍了神州山河大地，繼續請她爲我們導覽。

繁花遍開四季窗前／留誰在鄉愁邊緣／看水燈盞盞流逝，擁抱／江南美麗的傳

說　——生命之舟——

在兩岸之前／／當我有了醉意／宋詞裡想起，曾／遞給你美麗的距離　——柔雲一片——

山的靈氣／水的精華／山水間如何錦織／對中國鄉土的愛戀／／祇有讀梅賞梅畫梅　——梅的誓約——

你來自古老的中國，蓮花之湖／在乾涸的湖床……深深感動，淚滿臉……　——永生的蓮花——

你金黃色的笑聲／奉獻在祖國／那個驛站　——向日葵——

女詩人血中流著炎黃血脈，心田中種植梅蓮國花，那半個世紀的兩岸阻隔，只能讓祖國的鄉愁在胸中澎湃，到後來兩岸一開放，女詩人當然情不自禁就「奔向情人的懷抱」。詩人終於吐露心中的話（不吐不快啊！），是「對中國鄉土的愛戀」，且愛戀是一生的，如何「解」鄉愁？詩人用兩種花爲「解藥」，一是國花（也象徵歷史文化的中國）。另一是蓮花（佛教的象徵花，佛教也是中國國教。），有中國佛教（或佛教中國）的意涵。

常言道「情人眼裡出西施」，愛上了左看右看都是美。女詩人眷戀中的「赤縣情人」亦是，神州大地的一草一木，樣樣都是可愛的。

你是侯鳥常臨北西湖畔／中國的雪花，你最／熟悉懷念……半圓而流浪的一簾夢　—春秋夢—

淡湮裡飄揚你的絕句／窗的風景曾化作潮音／江南岸上你揮手／竟是唯一，閃動的月落　—回眸—

消瘦的古道上……故鄉！故鄉／想你飄雪的容顏／萬水千山的畫面／整個波動著　—故鄉的歌—

我寂寂的是心／你靜靜的是靈／噢故鄉蘭陽平原／你我正是被山水／阻隔的一段距　—思鄉—

我解下藍絲巾，迎接／關外入山的夜／昇華的煙，並在／難逢的甲子年／燃亮失紅的燭蕊　—初春—

賞讀到了尾聲，讀者們慢慢理解這位宜蘭女詩畫家，是「正港也台灣人」，但她的故鄉不是一個小小的宜蘭，還有更廣闊的心靈故鄉，便是整個祖國大地神州山河，以及五千年炎黃子民所創造的歷史文化，還有今古邊城「消瘦的古道上」牛隻羊群，都是她的眷戀，她的相思。

於是我要說，女詩人這種高貴的情操，相較一九四九年後來台的人眷戀他們的故鄉，是不能相提並論的。兩者固然都是一種高貴的情操，亞媺則更是「稀有而經典」，故更能感動人。

小結：悠遊於穹冥文壇的神鵰詩侶

總的賞讀丁穎「第五季的水仙」和亞媺「亞媺世紀詩選」，真是讓人感動叫人愛。周伯乃先生爲丁穎寫的跋文說，「丁穎是個詩人氣質非常濃厚的詩人」；方艮先生寫的扉語說，「他卻是一個極爲抒情的現代詩人」。

再者，周伯乃先生評亞媺的詩，總結是「像幽谷清風，沒有半縷塵世的溷濁，是個唯美的理想主義者。」而我讀其二人，丁穎「類存在主義詩人」，藏鋒於愛於詩文；亞媺斂迹於廟於詩畫，內涵熱愛中華的高貴情操。

相較當代文壇各家各派雖各領風騷，千姿百媚，各展風華。丁穎與亞媺賢伉儷則似悠游穹冥之神鵰詩侶，也當褎然舉首了，有誰能出其右者？

詩人簡介

亞媺，本名郭金鳳，一九四三年出生台灣宜蘭，現任財團法人台中聖壽宮「聖然雜誌」主編，出版詩、畫作品多種，並多次參與海內外及兩岸詩畫聯展，獲獎甚多。最近有二〇〇四年詩人節詩運獎、二〇〇六年五四文藝節獲頒中國文藝獎章。目前是秋水詩刊同仁。

丁潁，本名丁載臣，民國十七年生，皖籍。生長於北中國潁水之濱，性淡泊，重情義。作品有徐志摩的「濃」，及郁達夫的「愁」，出版作品有「西窗獨白」、「南窗小札」、「白色日記」等多種。現任世界論壇報發行人、河南開封大學名譽校長，目前也是「三月詩會」會員。

第二十章　人品與詩品

——我讀詩人金筑《飛絮風華》詩集

葡萄園詩刊金筑先生的第三本詩集《飛絮風華》出版了，詩壇各家紛紛品讀賞析，或許也有提其椽筆嚴厲批判者。在文學方面我從不寫很正式的評判文章，原因當然是自己的素養不足，再者是評判現代詩標準不一。所以我一向讀詩（不論傳統詩或現代詩），重點不放在「詩」，而在「人」，由詩來剖讀「人」的思想、心境等。

另一個讀「人」不讀「詩」的原因，是我個人粗淺的認爲，一切文學作品所寫的不外是一個「我」。儘管有的作家主張把「我」潛藏，只寫客觀世界的事務（如十九世紀法國寫實派佛祿拜爾），其實他所寫的還是客觀存在的「真我」，他的偉大也在此。於是，當我受邀爲《飛絮風華》（以下簡稱飛書）寫一篇評文時，我依然維持我的愛好，透過「飛書」詩意剖讀金筑其人，並企圖賞析謝炯（金筑本名）老前輩「本我」的心境和思想。

一、「飛書」全書掃描略述

「飛書」全書分三個子輯。第一輯「飛絮小品」有五十首短詩，內容上分四類。第一類感時，乃有感於人生已走到老年的慨歎有：逸去、萍聚、萍緣、支吾、再現等。爲數達三十五首最多。第二類鄉愁，思歸、連心、五月的康乃馨共三首。第三類情詩，有夜歌、吻的藝術、歸零、淺笑、髮泉、嬌嬈的唇、春的眸子、遊刃的愛，共八首。第四類是三首有關風景的詩。第二輯「上行之歌」，是由五十二節所組成的長詩歌，整體掃描一下，絕大多數屬正面積極的，也可分四類，第一類寫人生的昇華頓悟，有十三節；第二類愜意美滿的感受，有八節；第三類是期許勉勵，有廿二節；第四類是面對生命黃昏的感懷，有九節。第三輯「遠方的呼喚」有三十二首詩，也分四類，第一類人生境界的昇華（自由圓融、脫塵隱逸、空寂虛無），有壺中乾坤、遠方的呼吸、蓼莪新篇等，共十二首；第二類感時鄉愁，有十五首；第三類情詩，愛情接力馬拉松和花店二首；第四類應酬遊樂，西梅的琴韻、電玩等三首。若「上行之歌」每節也視同一首詩，則全書共有一百三十二首詩。其中對生命黃昏的感嘆和鄉愁最多，有六十二首，而「上行之歌」

中有近五十首（節），是對人生正面價值的頌揚。再次情詩十首，末者有風景或玩樂數首。

二、詩人在「飛書」中說甚麼？詩人內心世界的探索

按文曉村老師在「飛書」的序中說，金筑曾在十三年前（一九九三年）坦承自己「長時期在孤獨寂寞中生活」，他的詩也大多是「孤獨寂寞下的產物」。這本詩集的基調，則是藍天朗朗，歌聲悠揚，一掃孤獨寂寞的傷感。這從書名「飛絮風華」，便可略窺其一斑。以上是文老師對「現在」的金筑的解讀，文老師還舉「吻的藝術」等幾首詩爲「證據」。事實上是否如此？讓我進一步解析驗證吧！看看金筑前輩現在心中想甚麼？就從「飛書」的三輯依順序剖讀。「飛絮小品」頗多淡淡的愁，又有幾分飄逸的味道？

「你默默地走了／怯怯的／踏著影子」〈逸去〉「羊腸小路／如繩／將山影拴住了／拴不住的／思念」〈山上小徑〉「夕暉／映照著永遠年輕的回憶／烹飪往事的料理」〈回溯〉「一大把／就是這一大把／抓緊著／再捨得放／也只是一大把」〈知命之年〉「生日快樂的歌聲中／燭光臨抹在牆壁上的身影／搖晃殘餘的節奏」〈生日蛋糕〉

就是這樣的，總感覺到「夕陽無限好，只是近黃昏」，連「生日蛋糕」都感到濃濃的傷情，這一輯詩人充滿著感傷、感時、感慨和懷念。當然，對二〇年代出生的金筑先生是應有的心境。情詩是這輯的次要重點，有八首可當情詩（狹義的男女情意）：〈吻的藝術〉、〈歸零〉、〈淺笑〉、〈髮泉〉、〈嬌嬈的唇〉、〈春的眸子〉、〈夜歌〉、〈遊刃的愛〉。這八首中，〈吻的藝術〉是一種感官經驗，「雄性」生物的共同感覺，情人間的「情味」則不足。而〈嬌嬈的唇〉和〈夜歌〉情味最濃，最能引起共鳴，若在戀愛中，把這兩首寄給她，「她」九成跑不掉了，想必這也是金筑先生的人生經驗之一吧！

在「上行之歌」輯，詩人已說是以老師身份，對每屆畢業生紀念冊的題詩，當然只能表達砥礪鼓舞之意。少數幾節仍有淡淡的感傷，但終能圓滿結束，如第四二節「儘管／滄涼　苦澀　孤獨……／所有傷痕／皆能撫平」，大體上都合「上行」本旨。這裡是詩人最樂觀積極的一面。但這種樂觀積極有時是「作」出來的，因爲學生要看。

「遠方的呼喚」輯，據詩人自己所述，乃在歲月蒼蒼之年的奮發嚮往之作，要以年少初心舉翅向「遠方的呼喚」直奔。這個呼喚可能是詩人宗教信仰上的「主」或「天堂」，但顯然「直奔」是有氣無力的，這也和年歲有關。這輯有三十二首詩，深入剖讀詩人的內心世界，一半已走進老莊，一半是感時鄉愁，而愛情沒了，這如何能產生直奔的「動力」呢?試觀詩人的老莊世界景象：

「自由自在／圓融入／有我無我的真境」〈壹中乾坤〉「融匯一氣　與天地共吐納／馭風而行　與萬化相冥合」〈蓬門〉「我撫摸自己／一片空茫／唉　連空茫都沒了／我是寂寞　孤獨／寂寞　孤獨也沒有了」〈虛無〉「堤岸上　一片／空冷　寂」〈空冷的淡水河〉。

其他如〈樹的哲思〉、〈壺底洞天〉等，都有濃厚的老莊思想。文老師說金筑是虔誠的基督徒，依我剖析的結果，應是老莊信徒比較對。本輯的另一半是感時鄉愁之作，這是詩人特有的人生之旅必有的心境。

三、「空靈之作」和我的最愛

詩人金筑在「飛書」的跋記，設了一個謎題叫大家猜，他說「其中有空靈之作，要以心貼上去體驗，請方家洞察評量。」（第二〇〇頁）只要讀完全書，就能發現答案在〈物化〉（第三十五頁）這首短詩，全詩照抄：

「微塵的大千世界／每一粒沙各有造境／各自成夢／也融我入夢／且在夢中／幻

化：／栩栩然　翩翩飛舞／一枚蝶也／從春夢中覺醒／觀之　皆大自在／金筑也」

這是典型的莊周夢蝶，意境高雅，意象鮮明，自己成了一枚蝴蝶，與大自然合一了。

另一首也是空靈之作〈讀夜〉（第六〇頁），全詩照抄：

「仲夏之夜／瓢舀一勺銀河的波流／煮酒　泡茶／沖出來的／是晶亮　晶亮的／斷章　小令　絕律　古韻／瞧　還有一闋劃空而過的／靈感／瀠瀠／泱泱／爍爍／閃閃」

我可以想像詩人浸淫一個溫潤的夜晚，仰望穹冥，頃刻，與銀河、宇宙合一了，取銀河之水泡茶，沖出來的是一篇篇「空靈之作」。其實「飛書」尚有不少空靈之作，但我最愛是一首即空靈又具象，且有豐富思想的〈紡古〉短詩（第四十五頁），全詩照抄：

「古老的紡車／索陶古老的故事／紡不完的夢／在時序中／縷縷　千千　悠悠　緲緲／一條綿亙的長線／紡就／憨憨孤臣淚／滴滴孽子血／一部春秋大義」

詩中那條「長線」，象徵中華文化的一貫道統，五千年而不斷，紡就出來的是春秋大義的核心思想和價值。紡車現在是被丟棄的老古董，用這種老東西來隱喻中華文化的傳承，在警示我們這些中華子民，春秋大義的式微，造成分離主義盛行，亂臣賊子才有篡國竊位的機會。我最愛〈紡古〉一詩，和我近年花錢辦《華夏春秋》闡揚春秋大義，反制分離主義有關。從〈紡古〉這首詩剖讀詩人，金筑肯定是中國人、熱愛中華文化，儒家思想者，他應知「孔子成春秋而亂臣賊子懼」。所以嘛！詩人也亮出春秋大義這千年寶刀，欲斬妖除魔，金筑雖馬齒加長，憂國情緒未減，叫吾等後輩更加尊敬。

四、與李白、李煜和佛陀比「夸飾」之功——代結論

欣賞一首詩，除了意境、意象和想像力外，「夸飾」也是我喜愛的切面，前面所舉空靈之作也算是夸飾，但最經典的夸飾是「上行之歌」第一節（七十五頁），「人生如一口歎息／轉瞬即逝」，人生百年竟只用兩句十一個字就結束了。李白、李煜和佛陀亦有同功。

李白「黃河之水天上來，奔流到海不復還」，萬里黃河水從天上流到海，只用兩句十四字，可見其快速。而李煜「問君能有幾多愁？恰似一江春水向東流！」亦見其愁之多，之重。但夸飾之功第一名，應屬佛陀和弟子的一段對話，雖非詩歌，也是驚奇之作。

佛問沙門：人命在幾間？對曰：數日間。佛言：子未知道。復問一沙門：人命在幾間。對曰：飯食間。佛言：子未知道。復問一沙門：人命在幾間？對曰：呼吸間。佛言：善哉！子知道矣！（四十二章經，第三十八章「生即有滅」）。

爲何要引佛陀之言?因金筑的人生體驗正與佛陀同，儘管人的生命多在數十年到百年之間。但在金筑的詩語言只是一個「嘆息」，在佛陀說法只是一個「呼吸」，而兩者都是生命的「真相」。就創作語言「夸飾」的運用，李白、李煜、佛陀和金筑實有同等功力，在「飛書」中尙有許多夸飾手法，興趣者可自己去探索。總結我前述各段，剖讀詩人金筑現在的思想、心境和內涵，他是典型的儒佛道綜合體，而較傾向佛道兩家，更以道（老莊）家爲中心思想的人，一點都不像基督徒。（我如此直接了當的解讀詮釋，不知是否會害金筑先生在耶穌面前失寵！或受到兄弟姊妹們批判！我純就詩剖讀其人，真誠論述。）

金筑夫婦（最左和最右）和葡刊同仁紫楓、邱淑娥、台客、陳正遠合影於嘉陵江遊艇上（2006 年 9 月）

第廿一章　點點滴滴織成一生不朽的回憶

「他寫那些能看嗎？」

「那些東西也叫詩呀！」

「那些東西我看不下去！」

「不是這樣寫的，應該要……」

「寫詩就是要……這是我的近作你看……」

詩人總會常常碰到詩人，聊天話題也離不開詩，前面的答話是我和很多詩人碰面時，偶然聊到某某人詩品時，幾乎常聽到的都那種回答模式：先把那人的作品通通否定，這幾乎是台灣詩壇的「常態」。

我心中一直疑悶，台灣詩壇如此，未知其他地方又如何！或僅是台灣的一種孤島之心，以否定別人來抬高自己身價。難到讚美別人這麼難嗎？奇！

但這種否定別人的心態，幾年來我在三月詩會中似未曾聞及。我在外頭與人聊起三月詩會，偶爾聽到這樣的聲音，「喔！——」他先是一驚，「那些老傢伙啊！不過某人脾氣不好——」等等。

我總答說：「都還好啦！人誰沒有一點脾氣，只是談談詩，又不是要朝夕相處在一起。」

三月詩會就是這麼妙！沒有組織、經費，也沒有理事長及任何幹部，現在卻要邁向第十八年了，形同一部「全自動機器」，從未停止運作。而那頂著「中國」的兩家台灣文藝團體，多年來如同一部半作廢的汽車，不能運作，論組織卻又很齊全，也是神奇！

三月詩會就是這麼奇妙，是他吸引人的地方，記得我第一次參加三月詩會，那天是二〇〇八年元月五日，蔡信昌是輪值人，地點設在台電旁的醉紅小樓，信昌兄真是細心，那日的簽到簿在附註有六點記錄：

第一、品詩之前，蔡信昌請詩友向文曉村默哀一分鐘。（民十七年三月二日，農曆二月十一日至民九十七年十二月廿五日，農曆十一月十六日，十六時廿八分蒙佛接引西方極樂世界。民九十八年元月八日，農曆十二月一日，星期二北市第二殯傳館「懷遠廳」舉行法式，下午一時三十分家祭，二時三十分公祭。

第二、許運超開刀後，身上還留一根管子不能來，「有詩來」，並向詩友問候。

第三、文林今天飛往泰國（教中文），向詩友問好。

第四、陳福成詩友第一次參加，表現才思敏捷，即興作了數首。（註：即興每人贈詩一首，見第一章。）

第五、林恭祖失連好久，今受王幻邀來，當下月召集人（二月二日），要寄名單給他。

第六、餐後由召集人提供摸彩，「真」大獎，兩年前去東歐買的人偶「巫婆」，哈莉波特風正盛，一信得；二、三是台灣水彩畫三十八屆專輯，由王幻、林靜助得。

三月詩會只有蔡信昌先生以畫家身份參與，但他近來寫詩也讓人愈來愈有「感覺」了。

文曉村先生我雖認識沒幾年，但他給人最大的感動是真誠和謙卑。記得初識某日，他給我一張紙條（如後），謂大陸三學者來訪，邀我一同餐敍，我欣然赴約，慢慢的，我才了解他爲兩岸建「橋」的用心，叫人敬佩。

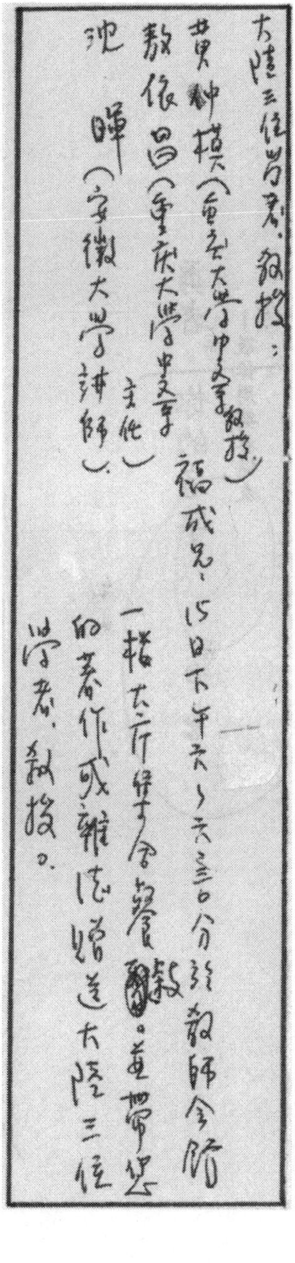
大陸三位學者、教授：
黄耕模（重慶大學中文系教授）
敖依昌（重慶大學中文系主任）
洪暉（安徽大學講師）。
福成兄：15日下午六～六三0分於教師會館
一樓大廳餐會餐敘。並帶您
的著作或雜誌贈送大陸三位
學者、教授。

二〇〇七年春節前，文老師寄來一帖賀年詩函（全函掃描如後）。函中有詩「蕪蔓的迴音」，我順手也在函中回應他的詩，但只寄賀卡未寄詩給他，我最後那句「千山獨行行不行」，意指眾生最後都是千山獨行，有人甚至一生都是，行、行、行，走、走、走，行到那天不行了，便不走了。人生都在千山獨行是很辛苦的，幸好，文老現在不須走路了，我們永遠懷念他。

因爲我入會不久，多數三月詩會同仁除每月雅聚外，少有互動的機會。雪飛和我多次參加大陸參訪，二〇〇九年底一起回四川，共同參加很多活動，是很有活力的長者，我們也同是四川人。我們也一同參加「反貪倒扁」運動，在火車站前的高大舞台上高聲誦讀自己創作的「春秋詩篇」，我們也是同路戰友。

「新詩野史館館長」麥穗，是三月詩會創會以來唯一的「全勤生」，這是了不起的壯舉。本書寫作過程中，欠缺的史料及尚待查證之事，都是問道於他。

目前三月詩會同仁中，對詩最執著、認真的，應屬謝輝煌先生。當然大家都認真、執著於詩，才會每月一聚論詩，但他是「最認真執著者」。他也是「前修理廠廠張朗」走後，最有資格接任新廠長職位的人。

我常叫「關姊」的關雲，他不姓關，我們算「小同鄉」吧！數十年前都出生在台中縣大肚鄉，她早些來報到，本名叫汪桃源。文友聊多了自然

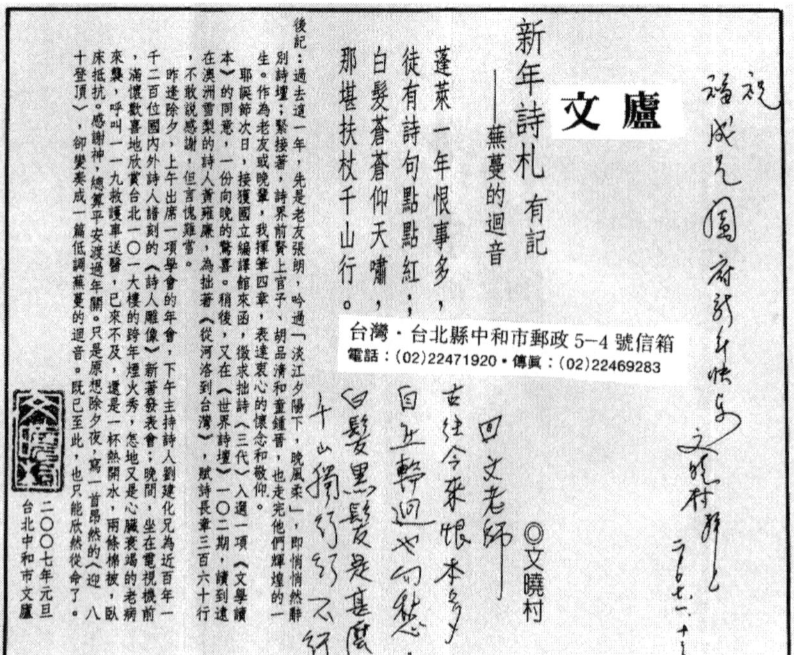
祝
福成兄闔府新年快樂
文曉村拜上

文廬

新年詩札 有記
——燕蔓的迴音

蓬萊一年恨事多，
徒有詩句點點紅；
白髮蒼蒼仰天嘯，
那堪扶杖千山行。

◎文曉村

台灣・台北縣中和市郵政 5-4 號信箱
電話：(02)22471920・傳眞：(02)22469283

回文老師
古往今來恨本多，
白髮黑髮是甚麼？
千山獨行不行

後記：過去這一年，先是老友張朗，吟過「淡江夕陽下，晚風柔」，即悄悄然辭別詩壇；緊接著，詩界前賢上官予、胡品清和童鍾晉，也走完他們輝煌的一生。作為老友或晚輩，我揮筆四章，表達衷心的懷念和敬仰。

耶誕節次日，接獲國立編譯館來函，徵求拙詩〈三代〉入選一項〈文學讀本〉的同意，一份向晚的驚喜。稍後，又在〈世界詩壇〉一〇二期，讀到遠在澳洲雪梨的詩人黃雍廉，為拙著〈從河洛到台灣〉，賦詩長章三百六十行，不敢說感謝，但言愧難當。

昨逢除夕，上午出席一項學會的年會，下午主持詩人劉建化兄為近百年一千二百位國內外詩人譜刻的〈詩人雕像〉新著發表會；晚間，坐在電視機前，滿懷歡喜地欣賞台北一〇一大樓的跨年煙火秀，怎地又是心臟衰竭的老病來襲，呼叫一一九救護車送醫，已來不及，還是一杯熱開水，兩條棉被，臥床抵抗。感謝神，總算平安渡過年關。只是原想除夕夜，寫一首昂然的〈迎八十登頂〉，卻變奏成一篇低調燕蔓的迴音。既已至此，也只能欣然從命了。

二〇〇七年元旦
台北中和市文廬

會聊出很多密聞，她爲兩個女兒付出很多，是一個偉大的母親，因而當選過模範母親。有一回關姊說起：「快給那兩個女兒搞瘋了。」我答：「她們讓妳有機會當菩薩。」確實，人生有很多事是命，避不開，如果我自己碰上，鐵定沒有關姊做得好！

但我要提的是關姊有藝術上的才華，她除寫詩也習畫，且有好的成績。「海鷗」詩刊第三十八期，那幅美美的「蝶戀花」封面，正是關雲的作品（如左）。她也是二〇〇八年，「亞太國際墨彩藝聯盟」與「中華國際墨彩藝術學會」，社會組優選人員，是三月詩會之光。

聚會的時候話不多，人很低調也很謙虛，他是台灣現代詩的播種者一信先生，仍有一顆赤子之心。有一回我帶吉他到雅聚現場熱鬧一番，這位老大哥說也想學吉他，或許那天他真的玩起吉他，也讓人 High 翻天！

有一回，一信給我一張邀請函，是他和蔡信昌在新店市立圖書館，舉

辦的詩、書法與水彩畫聯展。看著邀請函上的畫噴火，詩也在噴火，讓人也噴火（如下），我當成寶物收藏著。

一信先生經歷戰火，目睹國破人亡的慘狀，因此他痛恨戰爭，也痛恨政治。偏偏像「三一九槍擊作弊案」，獨派八年的貪腐、阿扁家族洗錢等等，日夜糾纏著這些不幸的子民們，當然也纏著三月詩會詩人們。

只是未知，反貪倒扁時，紅衫軍運動，不知一信大哥是否也參加了?沒問他，怕他觸景生情！

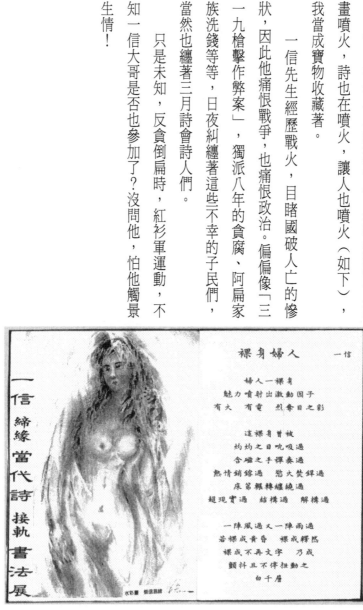

關雲參加馬英九總統當選「春酒宴」，九十八年三月（關雲提供）

前坐者：左起，王碧儀、晶晶、關雲；後立左起：詩薇、江淑鑾、邱淑嫦、李政乃。民國九十七年六月歡迎詩薇自美返台，在碧潭茶敘。（照片關雲提供）

第廿二章　寄語關雲並候令兄關公

——讀關雲的三月詩會筆記

三月詩會詩人中，關雲和我年紀最相近，又有「小同鄉」之誼，我常沒大沒小的和她說笑，請她代候她哥哥關老爺、關公，中國民間最受尊榮的「關聖帝君」，這當然是悅樂性閒聊。

有一回她打電話來問：「陳老弟！你在忙甚麼？」我不經思索回答一個字：「玩。」語氣斬截，加上幾個捲舌音，又有幾回，她心情鬱卒，我看她悶悶不樂（某次詩會後），告訴我日子多麼不好過等等。

我安慰說：「這世上沒幾個人日子是好過的，貴爲總統、皇帝、大財主等，可能日子比我們不好過，中國歷史上有的皇帝跳海自殺，有的上吊自殺，只是沒有燒炭自殺的……看開些，其實家家有本難念的經，人生嘛！好玩就好，人生就是一個玩字，妳一定要好好的玩…」如此這般。

後來她說：「你一個玩字對我有啓示作用。」

希望真的有啓示作用，她確實辛苦，要爲孩子操心一輩子，幸好她對詩和畫都有興趣，文學藝術是一種人生最佳「出口」，活在這世上，人人都須要找到他自己的「出口」，假使人完全沒有了「出口」，現代社會的生活型態下，人不是跳樓跳海便是去燒炭。

再者，她若有佛教信仰可能更佳，更能理解人生本苦的本質，從本質上去消滅痛苦，可以玩的更快樂，如「心經」那段經文：「乃至無老死，亦無老死盡，無苦集滅道．．．能除一切苦，真實不虛．．．」我無意向關雲傳教，事實上她已到「吃素」的境界，我尚在酒肉財氣中沈淪，誰的佛性較高應很清楚了吧！

關姊一聽到我要寫點三月詩會的東西，給我一「拖拉庫」她的寶物，以下是從她的筆記本整理出來的一些文字，爲保留「原味」，讓讀者飲「原汁」，用關雲口氣陳述，即關雲自述如後。

活到老學到老，有後起之輩批評，接觸老詩人會不長進。忘了誰說的，我不管別人說，我為何進入三月詩會才是重點。

本人起初認識文曉村社長，因他的鼓勵加入葡萄園詩社。晶晶、碧儀對我的詩作，常給我建議，我謙虛地接受。

麥穗等說過我「為甚麼關雲在其他詩刊作品較優？像大海洋、海鷗詩刊……」因為寫詩靈魂也要澄淨，我亂亂的家，環境、經濟都不佳，困惑調整不適時，詩就凸槌了。等夜深人靜、心靜，才有詩出爐。

赴三月詩會我喜歡搭公車，戴口罩，喝口白開水。心靜下來，家俗紛亂暫時放空，快要入定了，下車了，見了詩友真開心。有時會過度三八，被人評不穩重，還好陳福成老弟點我「好好玩」才釋懷。

晶晶大姊一直專注詩創作，致力於有風格、不搞怪、不後現代，不搞讓人看不懂的詩。她的詩有感情、有深度，她很努力、吸收，執著「最愛」才會拍岸叫好。

碧儀也是我們的好姊妹，是文曉村葡萄園的詩友，也加入三月詩會。她是基督徒，創作是她的最愛，家庭是她的重心，每個週末她一定到教會，在外面吃完晚餐才回家。她很幸福，是淡大畢業的，張朗的學妹。

張朗常和碧儀開玩笑「互叫學長、學妹」，學妹有時會說：「學長不要修理學妹，不好哦！」我喜歡聚會時看他們嬉鬧好笑的說話方式。

王幻大哥有鼓勵過我。因為有一回我問他：「好久沒收到世界論壇報。」他說：

「妳能不能好好寫一首好詩。」我無言。王幻大哥笑的很光芒、很有魅力，因為他從不批評長短，有話直言，說了不中聽也不生氣，不放心上。他收完「屍」（詩）先瀟灑回家，揮揮衣袖，不帶走一片雲彩。

碧儀參加聚會時，看現場氣氛，詩兄詩姊說話不本份時，她就少言少語。若干年後，她身體差了，常固定以教會禱告為中心，我、晶姊和碧儀好心情時，會到一個清雅的地方喝下午茶。碧儀聚會很準時，下午四點多散會，她準時要回家煮飯。

謝輝煌大哥最用心，聚會時我愛和他坐一起，他會把我的爛作帶回家，仔細審閱、批訓，寄回給我。這是我愛坐他旁邊的原因之一，還有他人幽默，有他在場三月詩會有笑果不冷場。

童佑華很愛戴帽子，每次幫他拍照只照半邊臉，他很有修養，只論詩不批評任何人。不論何時看他，或他看任何人，都是面帶微笑。

周煥武是晶晶軍人朋友，也是同事，已和張朗、劉菲、碧儀在天上了。他們也有天堂的詩會，周煥武詩友叫他周公，聚餐時興緻來了，一開心咕嚕咕嚕先乾幾杯。討論作品時他就真夢周公了，紅光滿面，也是可愛。

丁穎我很佩服他，他來觀摩幾回就加入三月詩會，他住台中是最遠的一個詩友，每月跑來台北，也很早到，他的詩寫的真是好！

文林的詩也寫的好，人又可愛！可惜他大多在國外，偶爾回國才來三月詩會。有時要很久才看到，還真是有些想念他吧！

許運超是很本份的詩人，只要想把詩寫的更好，不幸負晶晶介紹他入會。

劉菲走了很可惜，他對詩也像對女人，有愛情、有火花、有熱誠、有高溫，有火氣。

董劍秋加入一年多，後來念空大去了，就再也沒來三月詩會。

邱平也曾參加三月詩會，他的詩很後現代。後來接近創世紀風格，他把詩寄給創世紀，不再來三月詩會了。

莫野女詩人很早就寫得一手好詩，他多才多藝，也寫武俠劇本。她、晶晶、碧儀、宋后穎和我合編「谷風」詩報，後因工作原因，意見分歧，谷風詩報就結束了。

基本上寫詩也要有人品加靈魂澄澈，有熱誠多吸收好作品，久了自己也能寫出好詩。

女詩人心柔、張清香都曾加入三月詩會，一信曾帶蔡宗瀚來。藍雲因妻冼賢退出詩會，王祿松、綠蒂、鍾鼎文、明秋水、古繼堂等，都曾是三月詩會的貴賓。

三月詩會每月作品都收存起來，私下我會偷偷和詩友寫些悄悄信，或提供改進心得。所以我都一本一本裝訂起來，好好保存著。

陳福成的「春秋大業十八年」，我喜歡，他待人不說長論短。我喜歡他三個字「好好玩」，詩也好，與人相處也好，他說的對，「人生短短，都要好好玩」。

看來我的「玩」字人生哲學，對關雲確實有幾分「安慰」作用，或許如她言也有啓示吧！只是二〇一〇年春季以來，她心情欠佳。三月份是謝輝煌先生出的詩題「春酒」，她寫了「瞎掰」、「老吾老以及魂之老」的詩，都是發疏鬱悶之作。謝詩兄的意見以爲，「瞎掰」二字爲題，不是不可，但內容要跟瞎掰有關，要把瞎掰寫出來才算數。

再者，三月詩會是談詩論藝的地方，不是個相互取暖的場所。自己的悲苦自己吞，別人幫不了忙。把悲苦化作詩，當然可以，問題在能不能寫得好。李清照、朱淑貞都是寫自己的悲苦，但因他們確實才情高，文筆好，作品便有人欣賞，悲苦也能獲得同情。

誠然，於我於關雲，謝先生都是我們的大哥，他所言是「金玉良言」，發人深思。人生的悲苦要自己吞，別人是幫不上忙的。別說「能除一切苦」，就是想「去苦脫困」的入門，也還得要自己先「悟」，所謂「自覺→覺他→覺圓滿」，不僅不能亂跳，也沒有近路。人生都是「千山獨行」，必須自立自強，從自己的當下開始，或可將悲苦昇華成詩篇，寫一部現代版「斷腸集」，與關姊共勉！

請她代候令兄關公，因爲我計畫中必須寫的書（正式出版），第六十五本是「中國神譜」，關聖帝君是中國民間地位很高的神。

附帶略說，關聖帝君就是武聖關公，世名關羽，字雲長，又名長生，俗稱關三郎，三國蜀漢河東人。關聖帝君目前也是第十八任玉皇大帝，尊號玄靈高上帝，又稱協天大帝。（註：中國民間信仰中，玉皇大帝一職是諸神輪值的，即神權要輪替，但民間屬人的政權則不輪替。）

在本書其他篇章論述中，我一直圍繞著統獨問題，台獨路之所以是一條不通的死路，實際上和「神」是有直接關係的。台灣民間所有信仰的神，全是「生爲中國人、死爲中國神」，不信你一個個去查背景，九龍三公、媽祖、關聖帝君、神農大帝……鄭成功、西秦王爺、文昌帝君、保生大帝……全是中國人、中國神，台灣要如何「去中國化」？會得罪我們所有信仰的神。

第廿三章　特別介紹三月詩會畫家蔡信昌先生

信昌兄參與詩會很勤，因此每月一聚定會看到他。他人是很「古意」的，平時也是「電電」的。但別看他古意古意的，電電的可是吃三碗公半，他胸中自有一景景風花雪月呢！二〇一〇年七月詩題「夢境小品」：

之一

耳邊鶯鶯燕燕
張開眼
成群美女
圍繞嘻笑著
搜尋著　沒
疑思間

一陣雲煙　化了

之二

騰空千山飛越
忽停格
詩城仙樂
韻語來詩言
獨飲著　喝
尋思間
一陣風吹　化了

之三

佳餚美食滿桌
享用時
香醇欲醉
杯吟談笑間
搜尋著　沒

伊人啊
一陣酒香　飛了

之四

登頂凌雲壯志
一時間
風靡世界
談笑吟清風
迴尋著　沒
詩人啊
一陣狂雨　花了

這是一者組詩，詩意也很豐富，意象也算鮮明，每首的最後一句有寬廣的想像空間，雅聚時得到許多讚美。紛紛表示，信昌兄的詩很有進步。

但本文要介紹的是信昌兄的畫，他的作品很多，未公開的不能拿來亂用，我找到二〇〇七年夏季號的「葡萄園」詩刊（一七四期），封面封底正是信昌兄的作品。正好爲本文增色，可惜我不懂畫，無從論起。

有一回我問畫的價錢，信昌兄表示他不賣畫，我不解。原先我以爲畫家都要「賣畫爲生」，東方西方畫家不都在賣畫嗎？而且都在比價錢誰的最高。信昌兄說他不賣畫，等以後老了，把所有的畫作捐給國家，或任何適當的美術館都行。這真是好主意，畫家和詩人的作品都是無價的，他可以完整的把自己的一生典藏起來，永久！永久！

蔡信昌先生個展

- 1974 首次舉行個展於台北美國新聞處（作品獲畫壇前輩王藍、劉其偉、楊啓東、李澤藩、沈哲哉、席德進、張杰、廖修平等人鼓勵讚賞。）
- 1974 台中美國新聞處（作品獲美國馬康衛大使收藏）
- 1974 台中省立圖書館
- 1974 台南美國新聞處
- 1974 高雄新聞報畫廊
- 1974 北港宗聖台
- 1975 台北省立博物館（展覽期間義賣發起倡議興建美術館以提升國家文化，始有後來台北市立美術館之誕生。）
- 1975 台南社教館
- 1975 高雄市議會
- 1975 北港宗聖台
- 1975 北港宗聖台（媽祖出巡專題特展）
- 1978 台南社教館
- 1978 台灣新聞報文化服務中心
- 1978 北港宗聖台
- 1978 嘉義康德畫廊
- 1978 台中文化中心
- 1978 基隆市立圖書館
- 1978 台北春之藝廊
- 1981 美國科羅拉多州春泉市（展出壓克力水彩畫 20 餘件，並參訪美國三個月。）
- 1981 台北省立博物館（旅美寫生特展）
- 1990 台中市立文化中心
- 1990 苗栗縣立文化中心
- 1990 花蓮縣立文化中心
- 1990 台北市立社教館第二展覽室二樓
- 1990 台北縣立文化中心
- 1990 彰化縣立文化中心
- 1991 基隆市立文化中心
- 1991 台北市立社教館第一展覽室
- 1991 台北國立藝術館
- 1993 高雄市中正文化中心至美軒
- 1994 台灣省立美術館 B5~B6 展覽室
- 1995 台北華視藝術中心
- 1996 台北中國文藝協會
- 1997 台北台灣人壽公司 19F（與郭博修西畫雙人展）
- 2000 台北國父紀念館戴之軒藝廊
- 2004 台北國父紀念館德明藝廊

蔡信昌　全球氣候大變化（台灣玉山大雪）
水彩　39X53.5cm 2010

二〇一〇年五月十五日至廿七日，蔡信昌與另一畫家郭博修（台大外文系畢業），在台北市吉林國小「吉林藝廊」舉行雙人畫展。五月廿日，我邀約三月詩會有「美國時間」的詩人，一起去吉林藝廊看畫展，應約有關雲、王幻、雪飛、謝輝煌、金筑，現場聊的天花亂墜，並合影留念（如序前照片）。午餐時，紫丁香詩社的「領導」鄭雅文小姐，也趕來參舉盛會，這是值得留念的一天。

看畫展總得說一下畫的主題，信昌兄這回的主題應是環保，因爲數十作品大多和環保有關，包含他印在邀請卡（如上附印）上的畫，其意涵即「全球氣候大變化」。另本書封面、封底都是這次的展品，看完信昌兄的畫，以現場的靈感草成一詩：

看畫

看畫，看每一幅畫
都長出了翅膀　會飛
變成超光飛行器
在紫虛各界奔馬翺翔
有時速度慢了

到一個星球
在雲端飛過萬重山海
發現
全球氣候大鉅變　據説
第六次大滅絕已啓動了
翅膀又長出翅膀
飛到一個孤獨清冷的世界
只有畫家和詩人
詩人只會做夢
而畫家在夢中作畫
有一幅畫　有萬丈光芒
如宇宙初生的大爆炸
另一幅畫　夕陽滿臉通紅
是畫家燃燒的夢境
尤其那幅畫　凝視片刻

渾身冒火　瞬間
世界　燒了起來
不知　是你燒了這世界
還是那畫本身就是一團火、火、火
我看呀看，想呀想
在畫中打盹　入定

那畫
引人到了另一個世界
看畫的人問：這星球有火嗎？

每一個執著於、忠於藝術的人，都值得敬重，他的作品亦是無價的。信昌兄應邀國內外聯展百餘次及數不清的個展（如上列表），二〇〇六年獲中國齊齊哈爾大學聘爲客座教授，二〇〇九年第七屆世界水彩大展副總裁，二〇一〇年韓國世界水彩畫大展台灣首都推荐邀請人。

本書即將付梓之際（二〇一〇年十月），信昌兄又在國父紀念館展現他第四十一次水彩畫個展，主題是「胸含宇宙．心懷眾生」。這次我竟忙的「沒有美國時間」去賞畫，他今年十月滿六十六歲，只好祝福他一切成功圓滿。是爲誌。

第廿四章　再讀「寫給佑華」

「佑華」不是我叫的，他是我的前輩。就算在下已是一介草民，早把那些長字輩官大頭丟諸天外，多少還懂一點禮數。本會詩人童佑華先生，私底下我愛叫他童大哥。「寫給佑華」是「丁潁自選集」（台北：黎明出版，七十三年四月初版。）中的一篇小品短文，實即丁潁寫給童佑華先生的一封信，書出版至今（二〇一〇年）已二十六年，可見二位是幾十年的老朋友了。

現在的童佑華先生是一個謙和的長者，沈浸於詩創作及三月詩會這群老友雅聚論詩之樂。寫詩之外，他也是一位「業餘書法家」，不論詩和書法，他都有自己的風格、自己的路線。但他年青時似是多愁善感的人，在「寫給佑華」一文，丁潁開頭一段這麼寫：

日昨，從玄那兒得悉您近來心情很不好，這使我非常為你底健康掛心。我知道你是個多愁善感的人，但您也應該珍惜自己底身體，何必自己折磨自己呢？人生數十寒暑，仔細想想，實在沒有什麼值得深思遠慮的，一切看得淡些，別那麼認真，否則，吃虧的總是自己，生在這個多難時代裡的我們，每個人心坎的深處，都埋藏著一把辛酸！當我執筆寫這封信時，我底心在低泣，為您也為我。但天下如您我者，還不知有幾許呢？

廿六年前，丁、童二位還是個中年人，或許童先生在人生旅途中碰到一些困惑，感慨太多，丁潁寫封信勸他「別那麼認真」，否則自己要吃虧。這真是人生的難處，「認真」本應是好的，有正面意義的，不認真才是不對的。偏偏人生在許多方面硬是不能太認真，若有人問何時該認真？又何時不該認真？或對何人何事該如何認真？能否拿尺量？或「說明白講清楚」？這又使難處再添複雜，無解啊！應該的事自己說「應該」，就會變成「不應該」；不應該的事有時也會質變成應該，真是奇妙的很！

丁潁勸童君「別那麼認真」，自己卻認真起來了，他寫著「我底心在低泣」。爲甚麼大家都活的這麼無奈，原來「生在這個多難時代裡的我們，每個人心坎的深處，都埋藏著一把辛酸！」二十六年後的今天，依然如故，到大陸明明是「回國」，實際上是「越省」，從一個省到別一個省，幹嘛要辦甚麼「出國」手續，到底誰在製造分裂？又誰在製造悲劇？

這世界就是麼的吊詭，當研究的愈多，知道的愈多，愈感覺到那根本是不能理解，不能讓人真正的「知道」。「人」也一樣，不可能全面了解，如現在我研究三月詩會詩人們，但其實一切的研究「理解」都是一種「偏見」，如瞎子摸象，我只比瞎子多摸到一點點而已。這世界實在太古怪了，人這物種真的很難纏，丁潁這麼說：

> 說真的，我對某實在厭煩，這次我來鄉下全為規避他的糾纏。但沒想到您對他卻是如此傾慕，費盡心思欲一親「芳澤」。您既無變蝶的奢望，為何要急急織繭，我實在想不通。如果說為環境迫使，我想這理由是您自己決定的，西哲有云：「一個堅強的靈魂，無論在天堂或地獄，他都能照顧他自己。」由此看來環境不足以影響我們的人生。要知道環境征服的是弱者！我們必需能夠創造利用它，才算真正做到一個人的條件哪！您甘願向環境扯起白旗嗎？我想您不會心願，那麼，就勇敢的站起來啊！

當時，可能童先生正在事業戰場上打拚，人往高處走，水往低處流是天經地義之事何況有「變蝶」的機會，何必要當「毛毛蟲」呢？於是童君可能要和「某」打好關係，做事也方便。丁潁在信中說「爲何要急急織繭」？也確實，職位、階級、事功，都是一種「繭」，甚至金錢財物、美酒女人、論理道德……全是一個個「繭」啊！乃至思想、宗教、意識型態……若自己「功夫」不到家，也可能「作繭自縛」，故佛門「傳燈錄」一書有曰：「志公坐禪，如蠶吐絲自縛。」

如何破繭？如何解除我們身上的「框框架架」，成爲一個完全自在的人，除佛教有所謂通過「戒」達到解脫自在自由之門外，「老子」一書有如下說法：

大道廢有仁義，智慧出有大僞。（十八章）

故失道而後德，失德而後仁，失仁而後義，失義而後禮。失禮，忠信之薄，而亂之首。（三十八章）

以智治國，國之賊；不以智治國，國之福。（六十五章）

老子主張「絕仁棄義，民復孝慈」，一個百分百自由自在的「完美」世界才可能出現。這是何樣的世界？何樣的「理想國」？（註：非柏拉圖之理想國，因柏拉圖的理想國爲一種有階級、共產、共妻之社會。）那豈是吾等凡夫所能到達之境界？十餘年前我自公職退休，思索著如何把身上積累了幾十年牢不可破的厚繭，能扔的盡量扔，還自己一個原始自在的我。奈何總是功夫不到家，以及難了的塵緣，如今身上不知還有多少框框架架呢！但在「寫給佑華」這篇文章中，丁潁身上的框架少很多（比我少很多），天生詩人的氣質才有的。該文最後一段：

別為得不到的而憂愁，亦不要為失去的悲哀。敞開您沉鬱的心扉，讓陽光透進去。別再塵封著自己，伴同大自然的歌舞一齊跳起來。不要希望世人能給我們什麼，那將是一件可哀的失望，說不定還會招來一場無聊的譏嘲。其實，我們並不貧乏，（雖然我們一無所有）只要獲得我們自己，這就是無限的財富。尤其是您，有著超人的智慧和豐富的生命，更應為未來而珍重，饑渴嗎？喝一杯黎明的空氣，迎著上昇的旭日，從這兒出發吧！

「只要獲得我們自己，這就是無限的財富。」有點像佛陀說法，佛法不外求，人皆有佛性，星雲大師甚至說「我就是佛」。當然，我沒有研究丁穎的宗教信仰，但就任何方面言，人生最大的敵人，最大的財富，就是「自己」。這篇散文最瀟灑、自在而富詩意，在最後一句：

饑渴嗎？喝一杯黎明的空氣，迎著上昇的旭日，從這兒出發吧！

有好朋友最大的好處（功能），在能相互鼓勵、規勸，處困境可以相互「取暖」，故人生不能沒有好朋友，而有志同道合者更是好朋友中的好朋友。

看丁穎先生「寫給佑華」，我則要談談童大哥。他出身公務員，理應是個講究身段、八股或較古板的人，讀些他的東西才知道他是很有創意的人。在「風雨街燈」（文史哲，民八十六年）詩集自序，他提到別人的繡花鞋不一定適合自己的大腳丫子，樹立起自己的詩格，不要盲目的跟著別人的調子起舞。麥穗先生在該書序也提到，童君早年學于右任草書，一度潛心于體，後再習天津王世鎧的漢晉簡策筆意，取二家之長，別創屬於童君自己的體。二〇一〇年二月的詩會雅聚，童大哥在詩作後附贈與會同仁一幅他的書法。

把中國現代史濃縮成這幾個字，是當代許多人的人生，在這悲劇動亂的大時代，無數的人身不由己。長江黃河大浪潮向東流，人便被沖到東海小島，向南流沖到一個海外孤島，能有幾人活的自在，又有幾人走的出困局。但看童君書法提詞，他走出困局，他現在閒適自在。他這幅書法配合當月詩作，詩題「誰家的臭小子」，附照片：

童先生這首詩雅聚時，各詩家有所討論、修改，後來刊在「創世紀詩雜誌」第一六二期，二〇一〇年三月春季號，二、三行已改「那小子居然沒空上黲綠衣裳／充其量也只不過是心疼巴拉的」，後幾行有小調整。至於照片中人，誰是童佑華先生？其他又是誰？至今時空距離已相差六十多年了，容本書作者與大家玩猜謎遊戲，你猜、他猜，大家猜！或欲知誰是誰，可來三月詩會。

◎誰家的臭小子　童佑華

少年十三四五時
應該算不上慘綠啦
只是心疼巴拉的
他用塵封了久遠略帶失落的
眼神
撞擊我
將咱手中一杯熱呼呼的
普洱茶　搖盪震醒
濺溺了一地
懷舊的
回憶：
無由撿拾

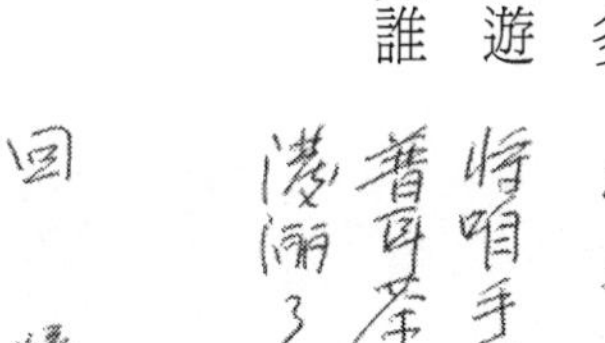

照片說明見內文。

第廿五章　與謝輝煌先生聊詩的修改

——並從張繼「楓橋夜泊」中的「烏啼」意象談「詮釋權」

春節，有些醉

孤寂的夜裡，心海虎虎生浪
我飲一杯流傳千年的月色
與月娘說些酒話
因為這月光竟浣洗我的半生
把一甲子釀成酒
這酒，怎的
愈來愈讓人醉的
頭腦不清……的，醉吧

二〇一〇年三月六日，三月詩會照例在「真北平」雅聚論詩，本次詩題是「春酒」，大家在這範圍內發揮，召集人是謝輝煌先生。以上那首「春節，有些醉」，是我這次雅聚的作業，會中已有討論的小小修改，散會後數日，謝輝煌先生修來一信，詩題改「元宵，有些醉」，內文亦改：

孤寂的夜裡，心海虎虎生浪
飲一杯流傳千年的月色
與月娘說些醉話
只因她曾浣洗我的半生
且把一甲子釀成了苦酒
一碰就醉

把「春節，有些醉」改成「元宵，有些醉」，我想至少還在「春酒、春節」範圍內，心境上類似，原詩經謝先生一改，確實洗鍊多了。他在信中說明修改原因及一些疑惑：

福成兄：

尊作〈春節，有些醉〉。反複咏誦，總覺得詩中有個「難忘的痛」。是否與林正義的馬山事件有關?因為，「流傳千年的月色」，應與「嫦娥應悔偷靈藥，碧海青天夜夜心」的典故有關。而林的馬山事件以及他至今無法回鄉，跟李商隱／詩境詩情頗為吻合。此外，「月光浣洗我的半生」也與他有關也。

就詩而言，「春節」與「月色」、「月娘」不易產生聯想效果。因為，初一、二時，幾乎看不見月亮。若改成「元宵」，就妥切了。其次，第一句可拆成兩行，第二句的「我」的刪除，第三句的「酒」可改為「醉」，發揮承上（題目）啟下（見後）的效果。第四句可改作「只因她／曾浣洗我的半生」（浣洗有漂白之意），第五句可改作「且把我一甲子釀成了苦酒」，第六句可改作「一碰就醉」，至此結束。

整個來說，原作後面的五行，是解說何以要「與月娘說些醉話」及「醉」的理由，完成了任務便可結束。所以，原詩最後的那三行，不僅無功，而且有虎頭蛇尾之感。此外，「飲」者當然是「我」，故可省。而「月光」之改為「她」，是避免三個「月」字擠在一起。

三月詩會的聚會，因時間、場地的限制，很難對作品作全面深入的探討，同時，柳眼看花，也難一下子就看出整首詩的破綻，實是一大缺憾。最理想的做法是，每次挑一首上期的詩做全方位的討論，便更有意義了。

匆此　敬／祝

吟安

弟謝輝煌敬上九十九年三月十日

我回信說明，詩與三十多年前的「馬山事件」無關。謝先生就是這樣的一個老哥，對於我們一些文壇後進小輩，他總是傾囊相教，雅聚論詩亦傾心吐膽，當然三月詩人也是傾心折服的。有陣子，謝老大哥給我多篇他研究張繼「楓橋夜泊」的短文，唐人張繼這首詩古來爭議筆戰很多，謝先生也有兩篇文章，「談談『楓橋夜泊』中的那枚『月』」，另一篇「烏啼江楓，愁眠寒山——少數日本人炒作『楓橋夜泊』」，又附印日文版「楓橋夜泊」的解讀：

按謝先生所提資料，這是日本謙田・正、米山・寅太郎合編，「漢詩名句辭典」，一九八〇年東京都大修館書店出版，一九九九年已發行第廿七版。

倭奴國人民喜愛讀唐詩，是眾所周知的事，他們偷走了鐘和碑相信也不是新聞，但經謝先生一考證、論述，卻成趣聞。我原想陪大哥玩玩，把整首詩用我的考證寫些東西，初步構思後，發現至少要三萬字才能寫的較完整像樣的一篇論文。因手上文債太多，只先針對詩中「烏啼」二字談談。

「烏啼」二字古來也有不同說法，有說地名，有說山名等，凡此我亦略之；只針對最「正常」說法——烏鴉叫來談。

有一陣子我常爬高山，在雪山、大小霸、玉山等林地常聽到大批烏鴉叫，還是有人覺得心裡毛毛的，因爲是不吉之兆。現代人也常把烏鴉比愈成觸霉頭之意，每當政壇有事，便有人當「喜鵲」，有人當「烏鴉」。在詩文中用「烏啼」意象特別多，六朝樂府中「烏夜啼」曲名常被詩人採用，「教坊記」記載：

《烏夜啼》者，元嘉二十八年彭城王義康有罪放逐，行次潯陽，江州刺史衡陽王義季留連飲宴，歷旬不去。帝聞而怒，皆囚之。會稽公主，姉也；嘗與帝宴洽，中席起拜，帝未達其旨，躬正之，主流涕曰：「車子歲暮，

695 月落ち烏啼いて 霜天に満つ
江楓漁火 愁眠に対す

〔訳〕張継

月が沈み、烏が鳴いて、夜空に冷たい霜の気がいちめんに満ちわたる。川岸の紅葉したかえでの間には、あかいいさり火が点々として、旅愁のために眠りかねている私の眼の前に浮かんでいる。

「月は烏啼に落ちて」と読んで、烏啼は、山の名とすべきだという解釈もあるが、烏啼山の名はこの詩によって後世名づけられたもの。また、烏が鳴くのは「明け烏」の語もあって、明け方であるという理解もなされて来たが、烏が夜中に鳴くのは、「烏夜啼」という楽府の題があることによっても明らかである。江楓は、江村、とする本もあるが、前者の方が詩的な表現であろう。愁眠は、旅愁などのために容易に寝つかれず、うつらうつらとしている浅い眠り。秋の夜の旅情をすぐれた感覚で詠じた佳句である。なお、張継によって、「再び楓橋に泊す」という七絶も作られたと伝えられ、後世清の王士禛など、この地に関して作詩している詩人・文人も多い。また、清の学者であり、名筆家でもあった兪樾の手になる詩碑が寒山寺に建てられ、その拓本が現在広く流布してもいる。 ⇩六六

楓橋夜泊

月落烏啼霜滿天
江楓漁火對愁眠
姑蘇城外寒山寺
夜半鐘聲到客船

楓橋夜泊

月落ち烏啼いて 霜天に満つ
江楓漁火 愁眠に対す
姑蘇城外 寒山寺
夜半の鐘声 客船に到る

（唐詩選・七絶）

696 姑蘇城外 寒山寺
夜半の鐘声 客船に到る

恐不為陛下所容！」車子，義康小字也。帝指蔣山曰：「必無此，不爾，便負初寧陵。」武帝葬於蔣山，故指先帝陵為誓。因封餘酒寄義康，且曰：「昨與會稽姊會飲，樂，憶弟，故附所飲酒往。」遂宥之。使未達潯陽，衡陽家人扣二王所囚院曰：「昨夜烏浠，官字有赦。」少頃使至，二王得釋，故有此曲。

就這段記載著，烏夜啼乃吉祥之兆，表示好事就要來了。另如「清商曲辭。烏夜啼」：「辭家運行去，儂歡獨離居，此日無啼音，裂帛作還書。」也是喜吉之象。但演變到後來，烏啼成了不祥之兆，且常與「夜」連結，可能夜深人靜，較能動人心弦，進而再和人生悲苦離愁相容，更是感人肺府，摧人落淚：

為客裁縫君自見，城烏獨宿夜空啼。（李白）
霜黃碧梧白鶴棲，城頭擊柝復烏啼。（杜甫）
夢斷南窗啼曉烏，新霜昨夜下庭梧。（羅鄴）
官舍已空秋草綠，女牆猶在夜烏啼；
平江渺渺來人遠，落日亭亭向客低
——劉長卿「登餘干古縣城」

如果要再深入研究「烏夜啼」之「意」，為何從吉祥轉成不吉祥，又溶入人生的悲苦離愁，這可能又是一個長篇巨論，可能涉及文化民俗等。但不可否認其「象」可感性很強，故「烏啼」與「夜」聯繫一起，成爲千古以來最方便「複製、考貝」的現成意象，引用烏夜啼的詩作也就不計其數了。按謝輝煌先生提供的文章，說倭國人很迷「楓橋夜泊」這首詩，我相信這是真實的。大約十年前我開始寫「中國四大兵法家新詮」一書時，也是「上窮碧落下黃泉」到處底找資料，於是我知道倭國人民也迷我國兵法家孫子和孔明，很多的研究、解釋，都超越我們自己。因此，我推論其他方面也是，他們喜愛中華文化，用盡各種手段（買、偷、搶等），就是要得到。偏偏中國人之中，就有一小部份沒有民族意識的奸商、漢奸心態，非得要把祖產寶物拿去賣了，真是可恥兼可惡！

至於倭人拿到中華文化或唐詩宋詞，要如何解讀！似乎也是「他家的事」。例如謝先生所提供那頁日文版註解張繼的詩，「烏啼は山の名……烏啼山の名……」，掰的真夠離奇了。明明是烏鴉叫的，卻成了「烏啼山」，我們是有必要提筆糾正。因爲若不糾正，有第三、四……各國的人讀了日文版的「楓橋夜泊」，必然把烏啼當成一座山，最終有一天全世界都以日文版爲準，都把烏啼解成一座山。到那時，也連自己中國人都要懷疑自己了，這就是所謂「詮釋權」的問題。

何謂「詮釋權」？說白了，就是「誰說了算數。」的問題，古今以來這個世界充滿著各類型的詮釋權問題。例如兩韓、核武、節能……乃至東京議訂書、制裁伊朗、釣魚台、一個中國……都涉及詮釋權。包括謝輝煌先生給我的幾篇討論「楓橋夜泊」的詩，提到倭國人胡亂詮釋張繼的詩，偷走我們的中華文化，再延伸至二〇〇四年「三一九槍擊弊案」，那一樣無涉詮釋權？

遠的不說，就以倭人偷走寒山寺碑和胡亂解張繼詩，及「三一九」作弊案，若任由小偷、竊國者自己詮釋他們的行爲，而春秋大義的聲音不發出來，春秋之筆不寫出來，小偷竊國者的行爲最終就被合理化。到那時，人世間就會充溢著貪婪、腐敗之氣，那是末世吧！

所以，批判倭奴國侵略鄰國、批判「三一九竊國」的小偷行爲，凡是春秋大義還在心中迴盪的，要不斷提筆批判，批十年、百年、千年……「楓橋夜泊」詩要如何解！當然以咱們中國人的論述考證爲標準，豈容小日本鬼子胡說；就像我們讀西洋作品，也當然依人家的研究爲準標，不要刻意去曲解。

爲甚麼本書研究三月詩會，不論就人品、詩品、思想，以春秋大義爲唯一論述標準，其理亦在此。

評論

那群老傢伙究竟在搞些啥？

——陳福成《三月詩會研究——春秋大業十八年》讀後

謝輝煌

由已故詩人林紹梅於民國八十二年三月十三日，邀集田湜等十位已退休的「老傢伙」（按：來歷見本書三八五頁：「那些老傢伙啊！不過某人脾氣不好……。」），在台北市中山南路二十號中央圖書館地下一樓餐廳成立「三月詩會」，旨在「相互切磋砥礪，別讓詩筆生銹」。於是，那群老傢伙就每月第一個星期六聚會一次，依召集人的命題範圍或自由發揮，繳交作品一首或多首，印發各同仁，在飯飽酒酣之後，品茗論詩。品到無隙可擊的佳作，大家就驚艷叫好；評到有瑕疵的作品，則指出缺點所在，並給予「傳道、授業、解惑」的「修理」（曾公稱張朗爲「修理廠長」）建議。若因一字的「修理」而使意境或形象靈飛神暢，大家便對主修者封爲「一字師」。全部作品修理完畢，散會前，再由下一位召集人出個題目，以便大家即起醞釀，不教詩腸詩腦空閒下來。

就那樣，月月年年，一晃眼就搞了十八年。而且，雖有同仁的「春秋代謝」（創始同仁已有五位謝世，兩位離開，惟目前仍有「十八銅人」），卻仍然在繼續搞下去。

這個詩會何以要命名爲「三月」呢？一因詩會成立於三月；二因《論語・先進》有「暮春者，春服既成，冠者五六人，童子六七人，浴乎沂，風乎舞雩，詠而歸」的遺音；三因仰慕〈蘭亭集序〉中「曲水流觴」、「遊目騁懷」的風致。

如此而已。

「三月詩會」的成立與運作情形已如前述。雖說已「不舍晝夜」地走過了十八個年頭，但除了出過《三月情懷》等六個同仁詩選集外，對「留得爪泥傳後世」的事，好像大家都沒有那個「野」心。直到今年，「炮兵快手」陳福成在出版了五十多種著作後，突向同仁宣佈：他要替「三月詩會」作傳，寫一本《三月詩會研究》，並請大家提供史料。而且幾個月後，大樣就出來了。經送請麥穗校訂後不久，一本厚達四百五十多頁的《三月詩會研究——春秋大業十八年》，就送到同仁手上了。

寫「三月詩會」的歷史，不外乎人和事。所以，在「人」的方面：本書第二—五章，介紹了歷來各同仁的籍貫及所屬文藝社團，不僅凸顯了那群「老傢伙」和「中國」的血緣關係，並已標舉出他們很有「春秋大義」，「幹」了些「反貪倒扁」和「反台獨」的

「豐功偉業」。又在「附件一、二」裡，分別錄載了歷來三十五位同仁的小傳（按：另有蜻蜓點水式的同仁如宋后穎、談真、林淑芬、周習男、筱華、蔡宗瀚、心柔、莊淑妃、方心豫等）。另外，第八章介紹了部分同仁在各文藝社團擔任過的職務，以及所獲的各種文藝獎項。上述種種，等於是補強了前述相關的資料和屬性。其次，在「事」的方面：本書第六、七兩章裡，簡介了「三月詩會」成立的緣起、兩個「第一次會議簽名綠」、同仁變遷概況、及部分雅聚人數統計等。第八章另介紹了部分同仁與中國詩歌藝術學會、青溪論壇及紫丁香詩社的關係。第十一—十七章，則介紹了各同仁在《世界詩葉（壇）》、《宇宙》、《谷風》、《葡萄園》、《林友》、《秋水》、及山西《鳳梅人》等報刊雜誌上的「戰果」。又，第十章有鍾鼎文先生蒞臨「三月詩會」的紀實，另外，第四、五兩章，還有部分同仁對其他同仁或自己在「三月詩會」活動的點滴回憶。總結起來，「史」的成分和濃度仍嫌單薄。但在凸顯和強調「三月詩會」的「春秋大義」的論述與取證上，則著墨較濃。

整個來說，若從學術研究的層面來檢視，則本書所呈現出來的內容，在史識、史實和史質等各方面，顯然力有未逮。例如：「三月詩會」接待過的外賓，麥穗在〈細說「三月」十年〉一文中，就列出了十七位，加上向明和鍾老，共有十九位，現只寫鍾老，失真不可謂不大。又：「三月詩會」出版了六本詩選集，算是重要成果，卻只在敘述「三月詩會」各時期的成員變遷狀況時，拿來做爲「物證」，似嫌太輕。又如：部分同仁在文壇和詩壇上的成就，並非因加入了「三月詩會」才有。若用來證明他們對文壇和詩壇的貢獻，那就恰如其分了。又如：前面提到的那兩個「第一次會議簽名錄」，鑽了半天，沒鑽出迷霧。原因固然是劉菲一時疏忽所致，但考證不力，也難辭其咎。事實是：有田湜的那份，是民國八十二年三月十三日第一次開成立會議時的簽名錄。而沒有田湜的那份，是同年四月十日（因清明掃墓順延一週）第一次聚會交作品討論時的簽名錄，上面原無金筑的簽名，但因金筑補交了作品，麥穗就從別處剪了一個金筑的簽名補上去（從影印時留下的一點邊影上可以得知是補貼上去的，且經向麥穗查證屬實）。又，劉菲編印的那個《三月情懷》的小冊子，裡面有四月五日完成的作品，故可證明編印的時間決不是「三月」。但陳福成沒有考證出來，故判他「考證不力」。再如：山西的《鳳梅人》，只有文曉村、陳福成跟它有關係，而歷來所刊少數同仁作品，除關雲是自動投稿外，其餘都是從《葡萄園》詩刊或其他詩選集轉載過去的，實不能和島內其他有同仁參與或主編的詩刊詩報相提並列。否則，《大海洋》、《海鷗》、《創世紀》、《台灣詩學季刊》等，無一不可並列。作者之所以有上述種種的「失誤」，並不是因爲史料的不足，實是因爲太著眼於把「春秋大業」和「三月詩會」掛鉤的目的所使然。這可從書前的〈「春秋正義」釋意〉、〈義就是義，還有什麼春秋正義〉、〈馬英九的魄力、智慧和歷史地位〉等三篇短文、以及〈關於本書：三月詩會研究〉中的「有些篇章的寫法、佈局和選材，確實很弔詭、很故意，有人可能看不下去，懷疑我的動機有之，冷諷有之，是故，我要說明本書唯一論述標準是春秋大義，勿論人或詩，均以春秋大義爲評量標準。」獲得印證。不過，要講當代的「春秋大義」，很難。例如：當年蔣介石帶到台灣來的那些軍民，究竟是孤臣孽子呢？還是亂臣賊子？還有當年那些「棄暗投明」「飛過來」和「泅過去」的人，又該用那邊的「春秋大義」來評量呢？而造成中國或兩岸分裂的責任究該歸誰呢？兩岸也有「各自表述」的答案。而馬英九總統在「不獨、不統、不武」的原則下，修好兩岸關係，使台灣海峽重見風平浪靜的美景，應該有他的「歷史定位」。但能否算是合乎「春秋大義」評量的標準？也恐怕有討論的空間。因爲，他的「三不政策」就是「維持現狀」的政策。從好的方面說，是以「暫時的『獨』」打好『統』的基礎」，從不太好的方面說，還是在沿襲「一邊一國」的政策。雖說帶來了某種程度的繁榮與和平，但依老子「福禍相依」的觀點來衡量，並以南宋、南明爲鏡子來觀照一下，馬總統的「歷史定位」也只能算是「統獨不決」。再說，「三月詩會」成立之初，成員雖都是原裝的

「大陸貨」，但在意識形態上，有「反共」、「反戰」、「反獨」和「反蔣」等，且各種「反」的程度也有差別。何況，「三月詩會」在成立時，只有一個「寫詩」的意識，何曾和政治掛過鉤？

誠然，文學與政治很難脫鉤。但必須搞清楚的是：政治現象只是文學的「催生婆」。沒有「安史之亂」，決不可能有杜甫的「國破山河在」的詩句。就現階段來說，「中國」及「統一」等符碼的政治意涵，就有很大的討論空間在。例如：「中國」二字，究竟是指「中華民國」？還是指「中華人民共和國」？是指「政治中國」？還是指「文化中國」？又如：「統一」二字，究竟是要「三民主義統一中國」？還是要「一國兩制統一中國」？都是目前難以解答的政治習題。再說，「反貪倒扁」，重點在「反貪」，附加了一點「反三一九」，這從書中所附的幾張「反扁」的「傳單」上可以看出。但陳水扁的「去中國化」，真正的目標是「去中華民國」這個「外來政權」和「去蔣」，用以鞏固本土「核心陣地」的支持。所以，施明德等一幫人在「反貪倒扁」時，就從來沒有反對陳水扁「去中華民國」和「去蔣」的言論和口號。至如「三月詩會」有幾位同仁去參加了「反貪倒扁」的遊行和靜坐一事，原非「三月詩會」精神的展現，也不是「三月詩會」主動去號召同仁參加的。所以，如果真想「不『讓』青史盡成灰」；可將該項事實補充到麥穗、雪飛和傳予的小傳裡去。惟把它看成是「三月詩會」的一樁大事，就有點輕重錯置之嫌了。

就事論事，「清廉」是一種普世價值，也是儒家的文化之一，蔣介石服膺得非常嚴謹。「反貪」是一種普世精神，蔣介石也執著得很徹底。傳說，蔣緯國的元配石靜宜（前中纖公司董事長石鳳翔之女）和前參謀總長桂永清的死因，與陸軍來台後第一套馬褲式人字布軍便服的原料掉包有關（桂將軍係夫人所累）。案情或許永遠不會大白，但蔣氏執政期間沒有人敢貪污，則有公論。所以，陳水扁等貪污的事實，連施明德都要帶頭來「反」了。惟若把「反貪」和「反三一九」視作「反台獨」型的「春秋大義」似也有點「太超過」了。孟子說：「臣弒君者有之，子弒父者有之。孔子懼，作春秋。」因此，孟子又說：「孔子成春秋，而亂臣賊子懼。」是以，把「三一九」事件視同「竊國」，固然很爽。但陳水扁連任後，仍然是在《中華民國憲法》的架構下宣誓就職，總統府仍然在升「青天白日滿地紅」的國旗，可見他還是有點「懼」的樣子。但有些真正的「竊國」者，卻連這點「懼」都沒有，又該如何去「春秋大義」一番呢？

談到「台獨」那把火，溯其根源，還是在台灣被割讓給日本時，由巡撫唐景崧領導島民點燃起來的。抗戰勝利後，中共又幫了個大忙，使得「台獨」意識得以復活並綿延、擴張。例如：毛澤東把蔣介石逼到了台灣，造成了隔海對峙的局面。然後毛澤東的「血洗台灣」，以及江澤民的導彈、朱鎔基的「要你（台獨）死得很難看」（據媒體報導）等是。總之，台灣從「亞細亞的孤兒」一路走來，確實也夠可憐。能仗著一點「地利」，想活得尊嚴些，有主權些，也是島民人人有的一點卑微的想法。再說，當時老傢伙們的「反獨」，並不完全等於「反綠色執政」。而是因爲呂秀蓮等人的「金馬撤軍論」、陳水扁等人的「大陸豬滾回去」、許文龍誣蔑「軍中樂園」（特約茶室）的「慰安婦論」等言詞傷人太甚。尤其是，那個靠老兵繼父撫養長大的游錫堃也罵起「外省人」來了（按：游的老兵繼父是當年聯勤羅東第一被服廠的士官），更讓老傢伙們「七孔冒煙」。凡此等等，加深了老傢伙們的反抗意識，則是毋庸置疑的。至於當前，大陸對台灣一再「讓利」，何以沒人呼籲大陸當局爽快地一次「讓到底」，贏個諾貝爾和平獎，名垂千秋萬世呢？那不是更「春秋大義」了嗎？

上述這些謬論，是依據鄧小平和江澤民等人物的談話演繹出來的。鄧老曾表示過：爲了爭取和平統一，什麼問題都可以談，包括國號、國旗、國歌也可以改爲兩岸可以接受的。（參自民九〇・〇九・一一中時晚報）而江老於二〇〇一年十月間接見台灣去的「中國統一聯盟訪問團」時也曾強調：中華人民共和國與中華民國的國號之爭，其實可簡稱爲「中國」，雙方不必做無謂的爭執。不過，他又附加一句說：台灣有些人「寧爲雞口，毋爲牛後」。（參自民九九・一一・〇一中時晚報）另外，他還說過一句「台灣人可以來大陸做副總理」的話，至今印象深刻。

我常想：要中國民國「安樂死」，也要讓她死得「壽終正寢」些；要「台獨分子」甘心「寧爲牛後」，也得讓他們風風光光的活在「牛後」才好哦。鄧、江兩老的話，說是說得很中肯，可惜只是「坐而言」，未能「起而行」。而江氏的「副總理說」，也有很濃的「排外（台）」味道。因爲，如台灣甘願「回歸祖國」，台灣人爲什麼不可做「中國」的最高領導者?所以，江氏也只好風風雅雅地高唱著蘇東坡的「但願人長久，千里共嬋娟」了。於此，也可見「統一大業」工程的難度是多麼的高了。

雖然，作者把「春秋大義」的意涵擴而大之，也無可厚非，但總給人有種過猶不及的感覺。尤其，把一個清湯掛麵型，只爲純喫茶、純寫詩而結盟的「三月詩會」，做爲一塊包袱被，把一些政治色彩濃艷的事物包裹進去，再來個「包裹表決通過」，叫大家背書，也就有點「強度關山」的味道了。

其實，若真要談「三月詩會」的「屬性」，則階段性的「反共」屬性也應該談談。因爲，那些「老傢伙」及他們所屬的藝文團體和刊物，都曾經吃過「反共」的奶水，連文曉村也不例外（**文得過國軍文藝銅像獎**）。現在，大家不寫「反共」的詩，那是因爲階段性的因素早已消失。但客觀的說，今天大陸的「讓利」還是有「極限」的，而「忍耐性」也是有其「極限」的，這是人性的真面。如果他們「忍讓」到忍無可忍、讓無可讓的超極限點時，可能就真要「讓」我們「好看」了。反之，如果把這些島民逼得無路可走時，也難免不會再唱「反共產」的軍歌。但願老天垂愛，大陸能步下玉階，把國號、國旗、國歌都改得大家能接受的樣子，先做個示範給「台胞」瞧瞧，再來「問客殺雞」，也就「師出有名」了。否則，我們冀求一個永遠的「千里共嬋娟」，恐沒有這樣便宜的事。

回到「三月詩會」的歷史課題，下面幾個子題，不容忽視。如：

一、「三月詩會」何以在走了十八年後，還有繼續向前的力道？（答案包括：以寫詩爲目的，是無組織的組織，無政治及藝術派別的派別，沒有利害得失的衝突，是一片人間淨土，最適合返璞歸真的「老傢伙」們的駐足與玩賞。）

二、「三月詩會」走的模樣兒如何？（答案包括：創始及歷來聚會的時間、進餐和評詩的地點、簽名錄的建立、評詩的程序與內容、「脾氣不好」的「老傢伙」（豈止「某人」而已？）跟「要設會長、罵蔣、反戰、酒後長舌、詩作太怪太爛、大罵別人不選他的作品、太執著知性的真、愛拿「名詩人」的客套信函往臉上貼金……等」的「老傢伙」吹鬍子、瞪眼睛、拍桌子的火爆鏡頭等等。遺憾的是，無詳細的原始紀錄。）

三、「三月詩會」走出了什麼成果？（答案包括：出詩選集、部分同仁越寫越好、兩岸詩壇知道有個三月詩會。）

四、「三月詩會」已給詩壇帶來什麼影響？（答案包括：開創了一個集體品評一首詩的模式，而且在品評時，論詩不論人，好就是好，壞就是壞，直言無忌，褒貶無私，具有正規文學批評的新氣象，頗爲識者所欣賞。）

充實並增加了上述四個方面的內容，就更可讓會外的朋友知道：「三月詩會」那群「老傢伙」究竟在搞些啥了。

此外，「三月詩會」的一切運作，有優點也有缺點。冷眼其中的人和事，也是如此。因此，寫史作傳者，有縱橫睥睨，褒貶自由的空間與權利。例如：「三月詩會」在品評詩作時，因爲時間只有一個半小時左右，大家只能在雕字琢句上做點指瑕和改正的工作。對整首作品的內容、形式、結構、意象、寓意、及修辭技巧等，往往無法做深入的分析與探討。如果能於每次討論完所有的作品後，由下次的召集人，對本次召集人的作品（這個輪流方式較易實行），依上述的分析項目做一個總分析，效果可能會更好些。這種作爲，史書的作者是可以在書中提出建言的。

總的來說，史書的功能，不只是紀往，還要能給人啓迪。惟本書紀的是詩人和詩筆，雖然，詩人的詩筆可以褒貶忠奸，臧否是非，但「詩筆」畢竟不是「史筆」，「詩人」也不必是「史官」。所以，替一個由一群「老傢伙」以寫詩爲樂而結盟的小團體寫歷史，能寫得像稗官野史或外傳那樣，既有真實性又有可感性和可讀性就可以了。若是硬將他們推上「春秋大義」的舞臺，且羼入一些與「三月詩會」無關緊要的人、事、物，不僅一方面顯得太嚴肅，且有點綁鴨子上架的彆扭味道。另一方面，卻又顯得有些蕪雜，這不反而得不償失了嗎？

民九九年一二月一九日作

民一〇〇年元月一九日修正

附件

一、現在三月詩會詩人小傳

二、曾是三月詩會詩人小傳

註：資料來自三月詩會歷年出版品（詳略），及國內各詩刊公佈的資料補記之。

附件一：目前三月詩會詩人小傳

◎**晶晶**，本名劉自亮，生於一九三二年。河南省羅山縣人，浙江省立杭州女中畢業、軍職退伍，現任葡萄園詩刊編委、三月詩會同仁。作品曾獲中國文藝協會第廿七屆詩歌創作獎章。著有詩集：《星語》、《曾經擁有》、短篇小說：《火種》、長篇小說：《春回》、《歸情》等多種。

與詩結緣，是爲偶然，以文自娛，藉詩會友，淡淡生涯、適性隨緣，做個喜悅的人。

晶晶是資深女詩人，寫詩也寫小說，有多本詩集及長、短篇小說著作出版。他的詩結構嚴謹，詩語言凝鍊而流暢，自然而不散漫，經常用詩探討人生。

晶晶姊也是三月詩會「創會四老」之一，他目前搬到桃園鄉下一個山城桃花源裡，享受人生與寫詩，過著詩漾的人生。

◎**關雲**，本名汪桃源，湖南茶陵人，一九四九年四月二十四日出生台中縣大肚鄉，花蓮私立四維高中、空中大學畢業。曾任職私立財團法人友好潛能發展中心。《在智慧邊緣的孩子》一書，由心路文教基金會出版，另有詩集兩種，曾獲三十屆耕莘寫作班戲劇組佳作獎，三十屆耕莘寫作班文學獎，第六屆小白屋幼兒詩獎，八十七年十一月熱心公益身心障礙福利績效良好獎、九十六年五月模範母親獎。從事創作散文、小品文、廣播劇、兒童文學及現代詩多年，作品散見台時副刊、民眾日報、新陸詩刊、葡萄園詩刊、大海洋詩刊等。目前正在努力寫自傳，她有精彩的人生。

◎**傅予**，本名傅家琛，年逾七十仍寫情詩，因心理年齡才十七歲，祖籍福建林森。出版詩集：《尋夢曲》《生命的樂章》《傅予短詩選》任職公職四十六年，退休後曾經是《葡萄園》及《乾坤》詩刊同仁，在那一段日子裡，如同我走過的路，將會留下痕跡，現在我只想放空自己，尋找一個陌生的「我」！至於詩嗎？它是我生命中的維他命，但也是嗎啡！

傅予的最新詩集，是由秀威出版的「傅予詩選－營火蟲詩集」，由林煥彰寫的序。

◎**謝輝煌**，民國二十年十二月二十三日生。江西省安福縣人。讀了「長期抗戰」的八年小學，和內戰的三年初中。吃了二十七年軍糧，端了十六年工商團體（公會）的飯碗。吃過香的，喝過辣的，也啃過鍋巴皮，吞過眼淚，嚐過空心菜煮豆渣的人間美味。當兵沒打過仗，只在炮聲中洗過露天澡，查過哨。編了十幾年月刊，只憑一把剪刀。舞文弄墨幾十年，騙了一點香菸錢，但總是入不敷出。現在，連香菸錢也無處可騙了，有詩爲證：「又一家報紙拔管歸天了！」只好遵醫囑：「少抽幾根了！」

謝輝煌擅寫短詩與擅長評論文章。他的短詩，用簡單明暢甚至近乎俗俚的詩語言，深刻地表達出人世間的千形百態及人情世故，而且善用隱喻、趣味感來表達。他的評論，也非常受重視，他常能看到別人看不到的地方，寫出別人寫不出的論點，且能鞭辟入裏，令人傾服。對當代國共戰史，他亦甚有心得。

目前在三月詩會最有資格擔任「修理廠廠長」，就是謝輝煌先生了。

◎**徐世澤**，江蘇東台（興化）人，一九二九年三月十三日生。國防醫學院醫學士、公共衛生學碩士，曾赴美、澳、紐等國考察研究，十度代表出席世界詩人大會，足跡遍六十四國。曾任醫院主任、秘書、副院長、院長、雜誌總編輯等。作品散見各報章雜誌，並列入世界詩人選集，出版中英對照《養生吟》詩集、《詩的五重奏》、《擁抱地球》、《翡翠詩帖》、《思邈詩草》、《健遊詠懷》、《並蒂詩帖》等。曾獲教育部詩教獎。現任中國詩人文化會副會長、乾坤詩刊社副社長、源遠雜誌編輯委員會等。

徐世澤是一位有多方面成就的醫師詩人，早年曾擔任過榮總分院的院長，現爲《乾坤》詩社副社長，中國詩人文化會副會長，曾周遊全世界。原寫傳統詩，甚受讚譽，後改寫新詩，善於觀察事物，並借以抒寫自己的情緒、情感或願望，且詩語言順暢，清晰。但徐世澤仍是一位傳統詩和現代詩的雙料寫手，在最近由萬卷樓所出版的「花開並蒂」詩集（二〇〇九年三月出版），正是傳統與現代詩的合輯，且是國內六位名家的合著（另五位是周策縱、王潤華、邱燮友、胡爾泰和徐國能）。

◎**潘皓**，筆名野農，一九二九年生，安徽省鳳陽縣人，國立台灣師範大學教育學士、碩士，美國世界藝術文化學院榮譽文學博士。從事教學及社會工作之研究近四十年。曾任中國文化大學、東吳大學講師，副教授及教授等職現任朝陽科技大學兼任教授，南亞技術學院客座教授，中國社會工作協會副理事長。著有《哲思底視界》、《均富社會與經濟發展》、《民生主義經濟體制》、《中國社會安全制度之規劃與實施》、《中國社會福利思想與制度》等學術論著，及相關論文五十餘篇，頗受海峽兩岸學術界之推崇。在文藝創作方面，著有散文集：《流水十年間》、《天涯共此時》。詩集：《微沁著汗的太陽》、《雲飛處》、《雪泥煙波》、《哲思風月》，尙有《孤鳥》等集，亦將陸續出版。

現仍在大學執教的潘皓教授，是社會學的學者，他的學術論著，至受海峽兩岸的學術界推崇。文學創作出版亦頗多。他的詩結構嚴謹，詩語言詩質密度頗高，他常以高質度的文學語言寫詩。

◎**麥穗**，本名楊華康，浙江餘姚人，一九三〇年出生，從事森林工作三十餘年。曾加盟現代派。擔任過《勞工世界》、《林友》等月刊主編。現任中國詩歌藝術學會副理事長，中華民國新詩學會理事、《海鷗詩刊》、「三月詩會」同仁。《世界詩壇》雙周刊編輯群之一。曾獲頒中興文藝獎章、中國文藝獎章、詩運獎、詩教獎及詩歌藝術創作獎等。曾出版詩集《追夢》、《山歌》等七集。散文集《滿山芬芳》等二集，詩論集《詩空的雲煙》。

著有詩集《鄉旅散曲》、《森林》、《孤峰》、《荷池向晚》及散文集《滿山芬花》、《十里洋場大世界》，評論集《詩空的雲煙》等多種。

被詩人瘂弦稱爲是「新詩歷史館館長」的麥穗，他蒐集有關新詩方面的資料特別豐富，又肯下功夫、花時間鑽研，所以這方面的知識、學識非常豐富。

麥穗也是三月詩會自創會以來，唯一的「全勤模範詩人」，這種對詩的堅持是值得敬佩的。本書許多史料由他提供，特別要感謝「館長」。

◎**金筑**，本名謝炯，貴州省貴陽市人，一九二九年生，國立台灣師範大學畢業，曾任軍職、教職多年。五〇年代開始寫詩，早年加盟詩人紀弦所組成的「現代派」，曾任《黔靈報導》執行編輯，中華民國新詩學會理事、現任《葡萄園》詩社社長、《貴州文獻》主筆，中國詩歌藝術學會、世界華人詩人協會理事，三月詩會同仁，篤信基督，擅長新詩朗誦，舊詩吟唱及聲樂。尤其對新詩朗誦有突破性創見及表現，融會詞曲、戲劇、聲樂的技巧和節奏、獨創新的朗誦風貌、展示新的旋律、壯闊時，氣勢奔騰，委婉時如行雲流水，幽怨生姿，只要稍留意聽，必共鳴響應、顫動心弦。曾在台灣和大陸各地朗誦所到之處皆風靡，獲致佳譽。著有詩集《金筑詩抄》、《飛絮風華》、《金筑短詩選》（中英對照）等。曾獲中國文藝獎章及詩運獎等。

現為《葡萄園》詩刊社社長，金筑也擅長新詩朗誦及藝術歌曲演唱。他寫詩不斷地追求創新，作自我超越，追尋陽剛的豪放，也追求清麗的唯美。

◎**王幻**，本名王家文，一九二七年生，山東蓬萊人。從事古典詩詞及現代詩的寫作，垂六十年。國立東北大學中文系，美國世界藝術學院榮譽文學博士，曾先後創辦《桂冠詩刊》、《中國詩刊》並兼任社長。現兼任「世界論壇報」之《世界詩壇》雙周刊主編及中國詩歌藝術學會常長務理事。曾出版新詩集《情塚》、《時光之旅》、《秋楓吟》；另有《鄭板橋評傳》、《楊州八怪畫傳》、《屈原與離騷》、《黛眉小傳》、《戚繼光史話》、《晚吟樓詩文集》等著作出版。雖然先後出版十幾種關於詩文的書集，但自稱皆非經典之作；只是藻繪心中事、眼中景、意中人而已。

◎**一信**，本名徐榮慶，一九三三年出生於武漢、漢口市。曾任編輯、主編、教員、講師、公營事業單位課長、專員、副經理、同簡任職退休。曾主編《中國新詩》及青年寫作協會、文藝協會、新詩學會會刊及選集等十餘種刊物。著作詩集、詩評論等十種出版。此外有評論集、叢書、專題研究…共二十餘種。曾獲中山文藝創作獎、九六年文藝榮譽獎章及其他獎項共十餘次。現仍努力於新詩及詩評論創作不輟，且作品較前為豐。一信因身歷第二次世界大戰，目睹善良人民被殺戮、家破人亡；再歷國共戰爭，身受其害，所以非常渴愛和平及痛恨戰爭，此處發表者為其近年頌和反戰之部份作品。一信在文學之路耕耘數十年，二〇〇七年中國文藝協會終於頒給他「文藝獎章」，是對他最高的肯定。當年文藝獎章共才四位（另三位是司馬中原、陳銀輝、邱火榮），三月詩會以他為榮。

◎**許運超**，筆名許燕菁，一九三九年八月生於廣西省合浦縣，現居台北市，軍校畢業，從小愛詩、讀詩，也寫詩，一九五七年十七歲發表第一首詩以後，斷斷續續的在雜誌、報紙副刊發表作品，一九六三年起曾因公忙停筆，一九九六年九月退休後重投繆斯懷抱，寫詩自娛，期許自己將來能寫出傳世之作。現爲「三月詩會」、「葡萄園詩社」同仁、中國詩歌藝術學會會員。

被譽爲將軍詩人的許運超，早在四十年前就發表詩作品了，直至民國五十二年，因公務忙碌，才停止寫詩發表詩了。可是他們單位要向最高層峰作簡報時，就指定由他執筆擔綱，由此也可知他的那枝筆不同凡響了。直到民國八十五年，他由將級軍階退休後才重拾詩筆，參加葡萄園詩社及本會，創作及發表作品。他的詩題材多元，詩語言鍊達而流暢，結構完整，讀來親切自然。他的自我期許，是寫下傳世之作的好詩。

◎**童佑華**，安徽巢縣人，一九三二年生，公職退休，新詩寫作閱二三十年，曾參加過第十五屆世界詩人大會，詩刊編委、名譽發行人，詩作入選多種詩專集，出版「風雨街燈」詩集一種。退休後兼習書法，作品入刊全國名家專集，現任中國書法學會監事，二〇〇五年應邀至南京參加兩岸書法家交流展。平凡平靜生活中，如一日不談詩、揮毫，便覺手癢，面目可憎。詩與書法已是生命的全部。

童佑華雖詩齡頗長，但加入本會，都爲時不長，因其有儒者風度，謙虛穩重，立即與同仁溶爲一體。他古典文學根基深厚，又擅長書法。詩作常借古喻今，也有以今評古，有的作品寓意頗深，讀來雖覺此中有真意，但卻欲辯已忘言了。

◎**雪飛**，本名孫健吾，亦名光裕，其他筆名有竹風、藍橋等。一九二七年一月一日，出生於中國重慶市酆都縣。一九四八年隨軍來台，接受軍醫養成教育，並經考試院醫師考試及格。美國世界藝術文化學院榮譽文學博士。現任伊法蓮診所醫師、秋水詩刊社副社長、藝文論壇季刊社長。中華民國新詩學會及中國詩歌藝術學會理事、中國文藝協會監事。

長詩曾分別獲國軍文藝銀像獎、青溪文藝金環獎。已先後獲頒詩運獎及詩教獎。二〇〇八年十月，在墨西哥二十八屆世界詩人大會，又獲頒發詩的「金牌」（Medallion）、證書及褒獎狀各一。

著有詩集《山》、《大時代交響曲》、《雪飛世紀詩選》、《歷史進行曲》（中英文本），及詩論合集《滑鼠之歌》、詩話集《大腦網路百花香》。歷年來作品，被選入兩岸多種選集。尤其「世紀的狂歡」一詩，被選入丁慨然先生主編之《時代抒情詩選》巨著（1296P）。

醫師詩人雪飛，很早就寫詩了，曾參加第一期新詩函授班，其詩重感性且詩語言流暢。

他自加入三月詩會後，大家都認爲他的詩進步神速，詩語言也有神采飛揚之勢。

雪飛最新力作是「大腦網路百花香」（二〇一〇年五月，文史哲）詩文集，雪飛的詩近年來多受國際肯定，除世界詩人大會的金牌獎，他的「金色陽光」（Golden Sunshine）

一詩，被印度主編 M.S.Venkataramaiah 編入當代各國的「現代詩人集」（Contemporary poest）（英文本）。

◎**蔡信昌**，一九四四年生於台灣雲林北港，幼受父母薰陶熱愛藝文，中學受沈哲哉恩師啓蒙與鼓勵，立下終身繪畫志業。曾任中日交流展副會長、理事、常務理事、總幹事等職二十餘年，爲畫壇文化交流盡一己之力。參與六個文藝團體，出版畫集二冊。作品曾蒙文壇先進王藍、施翠峰、吳承硯、李焜培教授等爲文寫序、推介。獲三十七屆文藝（水彩創作）獎章，爲文建會專案補助之畫家。出國旅行寫真自一九七六年至二○○六年三十餘次行程，參訪近四十個國家；國內聯展百餘次、國外聯展五十餘次、個展三十八次。現爲專業畫家。

蔡信昌目前也是三月詩會出席率極高的成員，他雖專業畫家，但寫詩進展神速。他正積極籌備出版新作品，據知詩中有畫，畫中有詩，三月詩會詩人群樂於共襄美事。

◎**林靜助**，民國三十三年元月二十三日生，台北市人，成大畢業。曾任文苑和曙光雜誌主編、全國育樂活動服務中心主任。

現任中國文藝協會理事兼兩岸文化交流員會主委、中國詩歌藝術學會理事長、藝文論壇季刊及紫丁香詩刊發行人、葡萄園詩刊社及三月詩會同仁。

◎**丁穎**，原名載臣，定逸軒，號長春，別署夢痕齋主人。皖籍，一九二八年降生於北中國穎水之濱。世以耕讀傳家，髫齡失恃，養於舅氏，姑表雁序，人以六少呼之而不名。七歲執禮謁聖，旋讀鄉黨小學。中日戰起，負笈他鄉，嗣卒業於安大。性淡泊，薄名利，任俠尚義，不拘禮俗。著有詩集「第五季的水仙」、「不滅的殞星」。散文集「西窗獨白」、「南窗小札」、「北窗雁語」、小說集「白色的日記」、「寒窗春曉」等。來臺後從事文化工作，先後曾任記者、編輯、中學教員。辦過雜誌，開過書店、出版社，現主持藍燈文化事業股份有限公司。（資料來源：丁穎自選集，黎明出版，七十三年四月。）

丁穎文思，清新飄逸，兼有徐志摩的「濃」，及郁達夫的「愁」。近一、兩年來，他每月從台中到台北參加三月詩會，極少缺席，精神可感可佩。

◎**文林**，本名林文俊，一九四六年生，福建人。幼承庭訓，習古典文學。政大畢業。赴美入密西根州立大學研讀教育。後任教臺、美兩地。詩齡尚淺，幾年前蒙向明、一信、瘂弦、綠蒂、劉菲、大蒙……等前輩啓迪，始試新詩。四十學鼓，足硬手僵，少有精進；五十學詩，腦靜心平，創意難尋。人稱白派詩人，以其詩齡淺，用詞白也。平日好與文壇藝林名人合影，以稱虛榮之心。入三月詩會後方固定習作。現任中華民國新詩學會理事。《葡萄園》詩刊編委。

文林，經常在國外教學，向海外推展中華文化，雖是留美名校的教育碩士，但非常謙虛與好學，至受詩友們讚佩，並多次連任中國詩歌藝術學會的常務理事。

◎**陳福成**，祖籍四川成都，北門北大街人。民國四十一年（一九五二）元月十六日，出生在台灣省台中縣大肚鄉。陸軍官校預備班十三期、正四十四期畢業。三軍大學八十二年班、清華大學高科技管理八十九年班、政治大學社會科學研究方法九十二年班，復興崗政治研究所碩士。

在野戰部隊服役十九年，歷任中校以下各種主管官職。在台灣大學任教官職五年，民八十八年以主任教官職退休。曾任幼獅出版公司國防通識主稿、龍勝出版社高中職國防通識主編主稿、復興電台主講、國安會助理研究員，創辦華夏春秋雜誌社。目前參與兩岸約十個文武團體，提供文稿及其他協助等。

重要著作含國防、軍事、戰略、兵法、戰爭、政治、兩岸關係等約三十部，其他文史哲類約三十部，共計六十餘部均已出版。若上天願意給我時間，我此生有八十部作品問世，是我對今世生命的交待。

我一生以「黃埔人」爲榮，以「生長在台灣的中國人爲幸」，「我是中國，中國是我的」，誰比我富有？鑽研「中國學」，以貢獻所能所學所思所想爲自我實現之途徑，以宣揚春秋大義爲一生志業，以出家行佛爲可能的理想（只看塵緣了盡）追求。期待此生有「剩餘」的時間、剩餘的生命可以獻給佛陀，未知因緣何時到？

附件二：曾是三月詩會詩人小傳

◎**林紹梅**，一九二三年生，福建仙遊人。美國世界藝術文化學院榮譽文學博士。曾任公職四十年，並曾兼任「內幕報導」、「中國學生報」等十餘刊物總編輯，業已退休。曾爲中國文藝工作者協會常務理事，中華民國新詩學會理事，中國詩歌藝術學會監事，秋水詩刊編委。著有（青春曲）、（變調之歌）、（馳騁的夢）、（寂寞的魚）、（書桌上的太陽）、（會歌唱的花）、（朦朧的繁華）、（心靈風景）等八種詩集。

從各種現存史料看，林紹梅是三月詩會最早的推手，也以他最積極，若無他，三月詩會無從誕生。我雖不認識他，詩也沒有他寫的好，但有一點，我們似是有些共同性——做事積極——某方面。

因此，我推崇他，以他的詩爲本書總序，三月詩會懷念他。

◎**文曉村**，一九二八年二月出生於河南省偃師縣（今改市）。國立台灣師範大學國文系畢業，美國加州世界藝術文化學院榮譽文學博士。一九六二年七月十五日，與古丁、陳敏華、李佩徵、藍雲、王在軍、宋后穎等十餘人，參與創辦《葡萄園》詩刊，任總編輯，後改任主編、社長、發行人。一九九四年十月參與創辦中國詩歌藝術學會，任第一、二屆理事長。曾任中國文藝協會、中國作家協會理事，新詩學會常務理事。現任《葡萄園》詩刊名譽社長。著有詩集《第八根琴弦》、《一盞小燈》等六種，評論集《新詩評析一百首》、《橫看成嶺側成峰》等五種，自傳《從河洛到台灣》台海兩岸出版，最近出版的是《雪白梅香費評章》。

文曉村與本會同仁王幻、潘皓、麥穗、金筑等人創辦中國詩歌藝術學會，出任理事長兩屆，於詩他主張健康、中國、明朗，爲詩壇四流派（本土、中本、西方、新世紀）中之中本派的重鎮。其詩風明朗、流暢，重形式，重韻節。

文曉村於二〇〇七年十二月廿五日病逝享壽八十。他雖走了，但他創社的「葡萄園詩刊」，將永遠按他指引的「健康、明朗、中國」道路前行，三月詩會以他爲榮。

◎**藍雲**，本名劉炳彝。另有筆名鍾欽、揚子江等。民國二十二（一九三三）年生。師範專科學校畢業，曾任中小學教師三十餘年。在寫詩的路上，也跋山涉水了數十寒暑。

早年參與「葡萄園」詩刊的拓荒，並一度職司其編務。唯不久退出，且遠離詩壇。民國七十年左右，又重現江湖，並應邀加入「秋水」詩刊社（現已退出）。一九九六年自教育單位退休後，創辦「乾坤」詩刊，擔任發行人兼總編輯。

自認缺乏寫詩的才情，故無什麼強烈的企圖心。祇視寫詩爲其興趣，聊以自娛。如一定要問我爲什麼寫詩？寫詩的目的又是什麼？我只能說：爲了滿足自己心靈的需要而寫詩，除愉悅自己外，別無目的。假若有作品能稍微產生一點作用，或能博得讀者的賞識，那完全是意外。我既非天才型，也非苦吟派的詩人，自己滿意的作品，幾乎沒有。因此，我必須繼續努力。縱然是隨興之所至，也希望能一窺詩的堂奧。

出版的詩集有：《萌芽集》、《奇蹟》、《海韻》、《方塊》、《燈語》等。

二〇〇七年十一月，藍雲又有一本「信筆璅語」（唐山版）——「宮保雞丁」，內收詩語千餘則，書後並附「藍雲年表」。

◎**邱平**，原名盧克其，筆名蘆荻，一九三一年生，祖籍爲江蘇鎮江，寄籍宿遷；在大陸讀過私塾四年，中學肄業；一九四九年來台，開始創作新詩，曾獲「第一屆國軍寫作競賽」詩歌第一名；加入過詩人紀弦發起的「現代派」；是「海鷗詩刊」共同創辦人之一；「八二三」台海砲戰期間，任軍醫少尉擔架組長，救傷於金門沙美一帶；後考入國防醫學院進修；一九八一年以陸軍少校軍階退役，轉任民間醫師。著有詩集「密碼燈語」，詩之華出版社印行。現爲「創世紀」詩社同仁。

◎**莫野**，本名李彥鳳；祖籍安徽省和縣，一九六一年八月出生於臺灣臺北。自幼即喜歡閱讀，只要不是教科書，什麼都看，最好漫畫和兒童雜誌；稍長，迷上古典詩詞及武俠小說。如今，熱愛寫作，痴心於詩，以書爲師，自研自習，自得其樂。一九九三年因緣聚會，與數志趣相投之女詩友共同創辦「谷風」詩報，任發行人兼社長；爲中國文藝協會會員，三月詩會會員。現職出版社編輯，曾獲中國新詩學會八十三年度「優秀青年詩人獎」。

◎**劉菲**，一九三三年生，湖南藍山縣人，本名劉文福。研究班畢業。一九六七年台灣「第二屆藝術季」發起人及聯絡人。一九六九年「詩宗社」成立之發起人及《詩宗》社同仁。曾爲《創世紀》詩刊同仁，《秋水》詩刊同仁，第十五屆世界詩人大會副祕書長，曾獲詩運獎、文藝評論獎，曾爲中國文藝協會理事，中華民國新詩學會常務理事，中國作家協會會員、世界華文詩人協會創會理事。《大海洋》詩刊社榮譽社長、世界論壇報《世界詩葉》主編。著有散文、小說、詩歌、評論等，已出版專著五部。

◎**田湜**，福莆田人。田湜的詩生命開啟的極早，十一歲能詩，十三歲出詩集，他的詩多是對弱者展其同情心，對光明面的歌吟，抒情且有深邃的意涵。他曾任職「僑委會」，主編「野風」。

但田湜參予一九八三年三月十三日的創會雅聚後，他的作品從未出現在三月詩會的出版品上，有些奇怪。二〇〇九年三月創世紀第一五八期，魯蛟「詩中歲月長」簡介早期的詩集，提及田湜在一九五七年十二月，野風出版社出版的「按摩女」，有詩作三十一首，其他詳情不明。

◎**張朗**，本名張領義，一九三〇年十一月十二日生，原籍湖北孝感，來台定居台灣省台北縣淡水鎮，大同工學院機械系畢業，曾服役軍中，退伍後曾任教大同工商，寫詩自娛，曾出版詩集六本《一千個希望》、《漂水花》、「詩話江山勝蹟」、「心靈的腳印」、「兩岸江山兩岸情」及《淡水馳情》，曾主編《當代名詩人選》兩集、《當代愛情詩選》，暨《小詩瑰寶》。

二〇〇六年元月十五日上午九時，張朗走完人生最後一程，病逝於台北榮總安寧病房，享壽七十六歲。三月詩會同仁麥穗、金筑、周煥武、文林、謝輝煜等，爲他寫了多篇悼念詩文。見「葡萄園」第一六九期（二〇〇六年春季號）。

◎**賀志堅**，江西省蓮花縣（民國以前世人皆稱：蓮花廳）人。陸軍官校、師範大學、文大新研所校友；宜蘭、瑞芳、板橋、光華、光仁、育達等校同人；新中國、軍聞社、中華、中央、自立、論壇報、等記者、主編，經緯文化圖書公司總編審。著有：歸帆、秋聲賦、相思林、山川田園集、寫一手好文章、寫作要領、寫作辭典、世界名著評介、橋與路（大陸西安出版社出版）細說台灣、台灣風景、名勝、古跡、文物寶典、唐詩選讀，以及最新出版的：月露風雲散文集、白雪陽春新詩集、金石語文評論集、遊目騁懷觀光集，繪事後素丹青集等散文、新詩、評論、國畫等十餘種。

其中「歸帆」新詩集，曾獲四十三年南部駐軍文康競賽，詩歌組首獎；山川田園集，曾獲美國國會圖書館、專函：台北中央圖書館索取，作爲：國際文化交流讀物。寫作辭典，曾參加香港國際圖書展覽，獲優良讀物獎。橋與路、細說台灣，曾由大陸陝西出版社出版。

賀君從少年時起，即擁抱大中國、大民族思想理念、十七歲就以「開人礦」一文，名動重慶、南京，入伍教育期間，即被選爲五四周刊、凱聲周刊的總編輯。隨軍至金門，又以「古寧頭觀戰記」一文，獲蔣經國先生，贈送：「革命軍人日記」一冊，曾親書：志堅同志：「筆掃千軍」。名噪一時，亦見其文筆之動人。

二〇〇七年九月廿八日，賀志堅病逝於台北榮總，享壽八十二歲。

他的諸多論文，均分別收錄於政大、師大圖書目錄，及由中央圖書館編號編目存館，六五年獲政府六藝獎章，並列中華民國現代名人錄，及兩岸名錄。

◎**劉建化**，原名可煖，筆名丁尼，原籍山東省黃縣蘆頭鎮界溝劉家村。一九二七年十二月一日生。現爲中國文藝協會、中國作家協會、中國新詩學會、中國詩歌藝術學會、三月詩會同仁。曾當選中國新詩學會理事、中國詩歌藝術學會監事、歷任中國詩友、葡萄園詩刊、中國詩歌選編委，並創辦「桂冠詩刊」，自任主編，畢生愛好文學，垂四十餘年，曾出版「豐盈季」、「奔向」、「勝利前奏曲」、「英雄底塑像」、「還鄉拾翠」、「探親遊蹤」、「大陸名勝」、「故鄉思念你」、「故鄉風情畫」、「九歌之旅」等詩集；待出版：計「詩人雕像」（第一－十五集），及「靈糧」等三十五集。

近年他最大的出版工程，是「詩人雕像」一書，爲近百年海峽兩岸一千二百位詩人，每位寫一贈詩。

◎**米斗**，本名竇學魁，一九三四年四月十一日生於山東省煙台市，原籍山東省臨朐縣。一九四八年一月，開始在青島發表詩作。一九四九年被青島文聯吸收爲年齡最小的會員。一九五一年任天津《新生晚報》副刊編輯。一九五八至一九七八年，在天津板橋農場、濟南採石場、天津立新園林場勞動。一九八四年結婚，成立家庭。一九八七年創辦天津昆侖詩社，爲第一任社長。退休後任職多種報刊，以貼補家計現任天津《農工商時報》副刊編輯。（米斗只是三月詩會的榮譽會員，人在大陸，不能參與。）

◎**林齡**，本名林義雄，一九四二年生，台灣台南市人。現爲中華民國新詩學會暨中國文藝協會會員，秋水詩刊社長，著有《迪化街的秋天》詩集。

民國五十年代即從事詩創作，作品常見於皇冠、野風、中華日報等各大報刊，後因從商而退出詩壇。現事業有成，家庭幸福，又重返詩壇尋寫詩的樂趣。

◎**林恭祖**，號思謙，一九二七年十月生，福建仙遊人。國立台灣大學文學士。美國世界藝術文化學院榮譽文學博士。曾任台灣省立博物館，國立故宮博物院編輯、編審、研究、編纂暨主任，兼《中華詩學》雜誌社總編輯。曾獲台灣詩壇徵詩優勝獎、亞洲詩壇徵詩首獎、中山文藝創作獎、優秀詩人獎、詩運獎、詩教獎。曾爲《乾坤》詩刊名譽社長兼古典詩詞主編、中華漢詩學會副理事長、《中華詩學》雜誌副社長。著有《移山填海集》、《光輝吟》、《林外詩稿》、《詩與歌》及《友竹居詩稿》等多種。

◎**秋心**，本名董劍秋，祖籍山東，一九二九年春生於瀋陽市。來台以高中同等學歷入軍醫班受訓及乙、丙等特考及格。曾任軍醫、司藥，退役後在中橫公路診療急救，完工後受聘聯勤軍眷七診所特約醫師，開過藥局。沒料到，跟藝文斷線了四、五十年老來無聊寫的頭篇散文〈野鴿與我〉參加《華副》「寵物情緣」徵文，居然也會入選得個小獎；老友張拓蕪說我寫詩沒天份不如學他改寫散文；陳義芝老師也鼓勵我「寫散文小品可能是條路」。但戀舊的我四十年代就入文藝函校跟覃子豪老師學詩了！認爲還是寫詩比較好。

◎**王碧儀**，廣東東莞縣人，一九四二年出生於廣州。一九五七年隨父母來台升學，一九六七年畢業於淡江文理學院，同年結婚。大學時即參加中國文藝協會散文、新詩組。散文、小說、新詩創作甚豐，婚後停筆十年，因家庭事業兩忙無法兼顧。曾任《葡萄園》詩刊編委，中國詩歌藝術學會監事。篤信基督教，攻讀中華福音神學會，得第二個學士學位，寫作宗教文學奉獻社會。曾出版《曇花開過》新詩、散文合集。二〇〇八年六月二十日王碧儀病逝，他和三月詩會的金筑、晶晶等都是數十年好友，大家萬般不捨，都在葡萄園詩刊爲文追思。

◎**汪洋萍**，一九二八年出生於安徽省岳西縣。做過牧童、農夫、工人、商人及軍、公、教人員，在科長任內屆齡退休。現爲中華民國新詩學會暨中國詩歌藝術學會理事。著有《心影集》、《袒露心靈》、《萬里江山故園情》、《生命履痕》等詩文集五種。曾獲教育部新詩創作獎及多次徵文獎。是《秋水》詩刊編委、三月詩會成員。

目前汪洋萍因身體關係，據聞家人將他送往東部由女兒照顧療養，近兩年詩壇上沒有他的行蹤，他是秋水的忠實信徒，大家還是很懷念他。

◎**周煥武**，民國十三年生，原名斌，來自湖北武昌。敘年齒，該往前站，談寫作，當作後排；他是文藝界脫隊老兵，卻是三月詩會第八年次的新人。曾於民國四十年，在中國文藝協會小說研究班研習寫作，後因毅力不足而少有成果。六十六年底退離軍職，轉任民間代書；八十九年將代書業務交由子女接管後，才有暇認真習作。

一九九六年起，先後出版長篇小說，有「織夢園」、「雙鴦夢」、「最後一站」，詩文集有「走馬燈」、「了然集」、「與星共舞」。二〇〇六年十二月再由台北縣文化局出版長篇小說「花言草語」。

二〇〇七年四月十六日，周公因肺癌病逝，詩友在「葡萄園」詩刊第一七四期，爲他以詩文悼念，這是文友們另外的告別式。

◎**張清香**，一九四五年生於台灣省台南市安平區。現爲「乾坤詩刊」社務委員，「三月詩會」同仁，中國詩歌藝術學會理事。散文及新詩曾獲入選及榮獲九十年度詩運獎。新世紀（二〇〇一年），出版個人第一部詩集《流轉的容顏》，二〇〇二年出版《張清香短詩選》（台灣詩叢系列．中英對照）。

「對我而言，傾心的交談、悅耳的音樂、一句優美的廣告詞、一幅賞心的話、一件美麗的衣裳、一陣燕掠，甚或細心勾勒眉峰的飛揚……舉凡能感動我的，皆爲詩心所在。詩是生活的、也是無所不在的。不過，有些詩從未完成，只是輕緩的行過心靈。」

「與詩結緣於年少，重拾詩筆卻在哀樂中年，或許，始終是浮沉於詩海裡最不顯眼，也激不起漣漪的小舟，但徜徉的美已足夠令我陶醉，這，其實就是自己心中不變的追求。」

◎大蒙，本名王英生，籍貫浙江省義烏市，一九四八年出生於北平。畢業於政戰學校影劇系。

從事平面設計及商業攝影工作，為大蒙工作室負責人。作品尚未結集。曾獲中國時報新詩評審獎，新詩學會優秀青年詩人獎。（資料來源：潘皓主編，中國詩歌選，文史哲出版社，二〇〇〇年十一月）

本書作者著編譯作品目錄

	（性質）	（定價）
幼獅文化出版公司		
①國家安全與情治機關的弔詭		二〇〇元
大人物出版公司		
②決戰閏八月：中共武力犯台研究		二五〇元
③防衛大台灣：台海安全與三軍戰略大佈局		三五〇元
④非常傳銷學（合著）	直銷教材	二五〇元
黎明文化出版公司		
⑤孫子實戰經驗研究	兵法研究	二九〇元
⑥解開兩岸十大弔詭	兩岸解謎	二八〇元
⑦大陸政策與兩岸關係	政治研究	二九〇元

慧明出版社

⑧從地獄歸來：愛倫坡（Edgar Allan Poe）小說選　二〇〇元
⑨尋找一座山：陳福成創作集　現代詩　二六〇元

全華出版社

⑩軍事研究概論（合著）　二五〇元

龍騰出版社

⑪—⑭國防通識（著編）　高中職學生課本　部頒教科書
⑮—⑱國防通識（著編）　高中職教師用書　部頒教科書

時英出版社

⑲五十不惑：一個軍校生的半生塵影　回憶錄　三〇〇元
⑳國家安全與戰略關係　戰略．國安　三〇〇元

中國學四部曲：

㉑首部曲：中國歷代戰爭新詮　戰爭研究　三五〇元
㉒二部曲：中國政治思想新詮　思想研究　四〇〇元
㉓三部曲：中國四大兵法家新詮（孫子、吳起、孫臏、孔明）　三五〇元

㉔四部曲：中國近代黨派發展研究新詮		三五〇元
㉕春秋記實	現代詩	二五〇元
㉖歷史上的三把利刃	歷史研究	二五〇元
㉗國家安全論壇	學術研究	三五〇元
㉘性情世界：陳福成詩選	現代詩	三〇〇元
㉙新領導與管理實務：新叢林時代領袖群倫的政治智慧		三五〇元

秀威出版社

㉚赤縣行腳・神州心旅	現代詩・傳統詩	二六〇元
㉛八方風雨・性情世界	詩・文・評	三〇〇元
㉜男人和女人的情話真話	人生真言・小品	二五〇元

文史哲出版社

㉝一個軍校生的台大閒情	詩・小品・啟蒙	二八〇元
㉞春秋正義	春秋論述・學術	三〇〇元
㉟頓悟學習	人生・頓悟・小品	二六〇元

唐山出版社：

購買方法：

方法1.全國各書店
方法2.各出版社
方法3.郵局劃撥帳號：22590266　戶名：鄭聯臺
方法4.電腦鍵入關鍵字：博客來網路書店→時英出版社

方法5.時英出版社　電話：（02）2363—7348
（02）2363—4803
地址：台北市新生南路3段88號3樓之1

方法6.秀威資訊科技公司　電話：（02）2796—3638
地址：台北市內湖區瑞光路76巷65號1樓

方法7.文史哲出版社：（02）2351—1028
郵政劃撥：16180175
地址：100台北市羅斯福路1段72巷4號

附記：以上各書凡有訂價者均已正式出版完畢，部頒教科書未訂價。另有未訂價者，均在近期出版。